Clássicos da Nossa Língua

Poemas de Álvaro de Campos

Fernando Pessoa

IBEP

Direção editorial	Célia de Assis
Edição	Ricardo Prado
Assistência editorial	Bruna Paixão
Edição de arte	Marcelo Ribeiro
Produção gráfica	William Sousa
Revisão	Denise Santos

**Dados internacionais de Catalogação na Publicação (CIP)
de acordo com ISBD**

P475p
Pessoa Fernando.
Poemas de Álvaro de Campos / Fernando Pessoa. - São Paulo : IBEP, 2023.
168 p. ; 14cm x 21cm.

ISBN 978-65-5696-241-2

1. Literatura brasileira. 2. Poesia. I. Título.

2022-172 CDD-869.1
CDU 821.134.3(81)-1

Elaborado por Vagner Rodolfo da Silva - CRB-8/9410

Índice para catálogo sistemático:
Literatura brasileira : Poesia 869.1
Literatura brasileira : Poesia 821.134.3(81)-1

1ª edição – São Paulo – 2023

IBEP

R. Gomes de Carvalho, 1306 – 11º andar - Vila Olímpia
São Paulo – SP – 04547-005 – Brasil – Tel.:(11) 2799-7799
https://editoraibep.com.br/ – atendimento@grupoibep.com.br

PREFÁCIO

Fernando Pessoa: vida e obra

Fernando António Nogueira Pessoa (1888-1935) é considerado um dos maiores poetas do século 20. Tendo nascido em Lisboa (Portugal), de família portuguesa, seu pai era funcionário público do Ministério da Justiça e crítico musical. Com apenas 5 anos, perde o pai, vítima de tuberculose. Sua mãe se vê obrigada a leiloar parte dos móveis e se mudar com o filho para uma casa bem mais modesta. É nesse mesmo ano que Fernando Pessoa escreve seu primeiro poema, *À minha querida mamã.*

Em 1895, sua mãe se casa com o cônsul de Portugal em Durban, uma cidade da África do Sul. Por esse motivo, se mudam para lá, onde Fernando Pessoa passa a viver também com os filhos de seu padrasto. Na cidade sul-africana cursa todo o ensino básico, em língua inglesa. É desse modo que conhece a língua e a literatura inglesas, que mais tarde aparecerá em traduções, correspondências internacionais e nas cinco obras poéticas que publica em vida nesse idioma. Retorna a Portugal em 1905 e se matricula no ano posterior no Curso Superior de Letras, que abandona em seguida. Com uma herança que recebe da avó, monta em 1907 uma pequena tipografia, que logo faliu.

A partir de 1908, toma-se funcionário público, traduzindo correspondências comerciais. Em 1912, publica seu primeiro artigo na revista *Águia,* escrevendo, a partir de então, esporádicos ensaios e críticas literárias. Nessa função, passa o resto de sua vida. Fernando Pessoa morre em 1935, vítima de hepatite.

Além de assinar poemas com seu próprio nome, Fernando Pessoa criou cerca de 70 personagens, que possuíam personalidades e características particulares, com cujos nomes assinava também suas obras: os heterônimos. Dentre eles, três se destacam pela quantidade de obras que "possuem" e pelos detalhes com que são concebidos: Álvaro de Campos, Ricardo Reis e Alberto Caeiro.

• Álvaro de Campos: único dos heterônimos que passou por diferentes fases poéticas: decadentista (simbolista), futurista (modernista) e intimista (pessimista). Engenheiro, de educação inglesa, tinha sempre a sensação de ser um estrangeiro, onde quer que estivesse.

• Alberto Caeiro: considerado o mestre dos heterônimos, apesar de ter muito pouco estudo. Ligado à natureza, à vida simples, despreza a filosofia, com o pensamento de que pensar obscurece a visão. Nesse sentido, é considerado um poeta materialista, pois crê mais no mundo exterior do que no seu interior.

• Ricardo Reis: nascido em Portugal, estudou em colégio jesuíta e era médico. Sendo monarquista, exilou-se voluntariamente no Brasil. Sua poesia é de estilo neoclássico (árcade), com bucolismo e referências à mitologia greco-romana.

A principal obra de Fernando Pessoa, por ele mesmo (ortônimo), é *Mensagem* (1934), uma coletânea de poemas que glorifica o passado de Portugal: o sebastianismo, o estilo camoniano e os heróis das grandes navegações.

As três fases de Álvaro de Campos

Em sua primeira fase, Álvaro de Campos traz poemas decadentistas, com influência simbolista e romântica, marcada pelo tédio, pelo cansaço e pela necessidade de experimentar sensações novas. Necessidade esta que encontraria conforto temporário em sua segunda fase, futurista.

Chama-se de Modernismo o conjunto de movimentos artísticos que ocorreram na virada do século 20. Eles têm como características gerais a contestação da tradição e a construção de novos ideais. É dentro dele que se encaixa a fase central, futurista, da obra de Álvaro de Campos. Com poemas que celebram a máquina, o progresso e a cidade, o poeta mostra seu deslumbramento com os avanços decorrentes das revoluções industriais.

Em sua terceira fase, intimista, niilista, pessimista, Álvaro de Campos mostra sua decepção, novo cansaço, tristeza e nostalgia, decorrentes dos projetos pessoais que não conseguiu realizar, sentindo-se incompreendido e solitário.

SUMÁRIO

1. A casa branca nau preta ... 9
2. Acaso ... 11
3. *Acordar da cidade de Lisboa* ... 12
4. Adiamento ... 13
5. A Fernando Pessoa ... 14
6. *Afinal, a melhor maneira de viajar é sentir* ... 15
7. *Ah, a frescura na face de não cumprir um dever!* ... 18
8. *Ah, onde estou ou onde passo* ... 19
9. *Ah, perante esta única realidade, que é o mistério* ... 19
10. Ah, um soneto ... 20
11. *Ali não havia eletricidade* ... 21
12. Aniversário ... 22
13. *Ao volante do Chevrolet pela estrada de Sintra* ... 23
14. *A plácida face anônima de um morto* ... 25
15. Apontamento ... 25
16. Apostila ... 26
17. *A Praça da Figueira de manhã* ... 27
18. *Às vezes tenho ideias felizes* ... 28
19. Barrow-on-Furness ... 28
20. Bicarbonato de soda ... 31
21. *Chega através do dia de névoa* ... 32
22. Clearly non-Campos! ... 32
23. *Começa a haver meia-noite, e a haver sossego* ... 33
24. *Começo a conhecer-me. Não existo* ... 34
25. *Conclusão a sucata!... Fiz o cálculo* ... 34
26. *Contudo, contudo* ... 34
27. *Cruz na porta da tabacaria!* ... 35

28. *Cruzou por mim, veio ter comigo* 36
29. Datilografia 38
30. De la musique 39
31. Demogorgon 40
32. *Depus a máscara e vi-me ao espelho* 40
33. *Desfraldando ao conjunto fictício dos céus* 41
34. Dobrada à moda do Porto 41
35. Dois excertos de odes 42
36. *Domingo irei para as hortas na pessoa dos outros* 46
37. *Encostei-me para trás na cadeira de convés* 46
38. *E o esplendor dos mapas, caminho abstrato* 47
39. Escrito num livro abandonado em viagem 48
40. *Esta velha angústia* 48
41. *Estou cansado, é claro* 49
42. *Estou tonto* 50
43. *Eu, eu mesmo* 51
44. *Faróis distantes* 51
45. Gazetilha 52
46. *Gostava de gostar de gostar* 53
47. *Grandes são os desertos, e tudo é deserto* 53
48. *Há mais de meia hora* 55
49. Insônia 55
50. Là-bas, je ne sais où 57
51. *Lisboa com suas casas* 59
52. Lisbon revisited (1923) 59
53. Lisbon revisited (1926) 61
54. *Magnificat* 62
55. Marinetti, acadêmico 63
56. *Mas eu, em cuja alma se refletem* 64
57. *Mestre, meu mestre querido!* 64
58. *Na casa defronte de mim e dos meus sonhos* 66
59. *Na noite terrível, substância natural* 67
60. *Não: devagar* 68
61. *Não estou pensando em nada* 69
62. *Não, não é cansaço* 69
63. *Nas praças vindouras – talvez as mesmas* 70
64. *Na véspera de não partir nunca* 72
65. *No fim de tudo dormir* 72
66. *No lugar dos palácios desertos e em ruínas* 73

67. *Nunca, por mais que viaje, por mais que conheça* ... 73
68. Nuvens ... 73
69. *O binômio de Newton é tão belo como a Vênus* ... 74
70. Ode marcial ... 75
71. Ode marítima ... 76
72. *O descalabro a ócio e estrelas* ... 103
73. Ode triunfal ... 104
74. *O florir do encontro casual* ... 111
75. *O frio especial das manhãs de viagem* ... 111
76. *Olha, Daisy: quando eu morrer tu hás-de* ... 111
77. *O mesmo* Teucro duce et auspice Teucro ... 112
78. Opiário ... 112
79. O *que há em mim é sobretudo cansaço* ... 118
80. *Ora até que enfim..., perfeitamente* ... 119
81. Os *antigos invocavam as Musas* ... 120
82. O *sono que desce sobre mim* ... 120
83. O *ter deveres, que prolixa coisa* ... 121
84. O *tumulto concentrado da minha imaginação* ... 122
85. Passagem das horas ... 123
86. Pecado original ... 138
87. Poema em linha reta ... 138
88. Psiquetipia ... 140
89. *Quando olho para mim não me percebo* ... 140
90. Quasi ... 141
91. *Que lindos olhos de azul inocente* ... 142
92. *Que noite serena!* ... 143
93. *Quero acabar entre rosas* ... 143
94. Realidade ... 144
95. Saudação a Walt Whitman ... 145
96. *Se te queres matar, por que não te queres matar?* ... 151
97. *Símbolos? Estou farto de símbolos* ... 154
98. *Sim, sou eu, eu mesmo, tal qual resultei de tudo* ... 155
99. Tabacaria ... 156
100. *Tenho uma grande constipação* ... 161
101. "The Times ... 162
102. *Todas as cartas de amor* ... 162
103. Trapo ... 163
104. *Vai pelo cais fora um bulício de chegada* ... 164
105. Vilegiatura ... 164

1. A CASA BRANCA NAU PRETA

Estou reclinado na poltrona, é tarde, o verão apagou-se...
Nem sonho, nem cismo, um torpor alastra em meu cérebro...
Não existe amanhã para o meu torpor nesta hora...
Ontem foi um mau sonho que alguém teve por mim...
Há uma interrupção lateral na minha consciência...
Continuam encostadas as portas da janela desta tarde
Apesar de as janelas estarem abertas de par em par...
Sigo sem atenção as minhas sensações sem nexo
E a personalidade que tenho está entre o corpo e a alma...

Quem dera que houvesse
Um estado não perfeitamente interior para a alma,
Um objetivismo com guizos imóveis à roda de em mim...
A impossibilidade de tudo quanto eu não chego a sonhar
Dói-me por detrás das costas da minha consciência de sentir...

As naus seguiram,
Seguiram viagem não sei em que dia escondido,
E a rota que deviam seguir estava escrita nos ritmos,
Nos ritmos perdidos das canções mortas dos marinheiros de sonho...

Árvores paradas da quinta, vistas através da janela,
Árvores estranhas a mim a um ponto inconcebível à consciência de as estar [vendo,
Árvores iguais todas a não serem mais que eu vê-las,
Não poder eu fazer qualquer coisa gênero haver árvores que deixasse de doer,
Não poder eu coexistir para o lado de lá com estar-vos vendo do lado de cá,

E poder levantar-me desta poltrona deixando os sonhos no chão...
Que sonhos?... Eu não sei se sonhei... Que naus partiram, para onde?...
Tive essa impressão sem nexo porque no quadro fronteiro
Naus partem... Naus, não: barcos, mas as naus estão em mim,
E é sempre melhor o impreciso que embala do que o certo que basta,
Porque o que basta acaba onde basta, e onde acaba não basta,
E nada que se pareça com isso devia ser o sentido da vida...

Quem pôs as formas das árvores dentro da existência das árvores?
Quem deu frondoso a arvoredos, e me deixou por verdecer?
Onde tenho o meu pensamento, que me dói estar sem ele,
Sentir sem auxílio de poder para quando quiser, e o mar alto
E a última viagem, sempre para lá, das naus a subir...

Não há substância de pensamento na matéria de alma com que penso...
Há só janelas abertas de par em par encostadas por causa do calor que já não faz,
E o quintal cheio de luz sem luz agora ainda-agora, e quase eu...

Na vidraça aberta, fronteira ao ângulo com que o meu olhar a colhe
A casa branca distante onde mora... (O morador é abstrato.)
Fecho o olhar e os meus olhos fitos na casa branca sem a ver
São outros olhos vendo sem estar fitos nela a nau que se afasta,
E eu parado, mole, adormecido,
Tenho pela vista o tato do mar em baixo embalando-me longe de aqui,
Tenho-o na inconsciência e sofro...

Aos próprios palácios distantes a nau que penso não leva.
Às escadas dando sobre o mar inatingível ela não alberga.
Aos jardins maravilhosos nas ilhas inexplícitas não deixa.
Tudo perde o sentido com que o abrigo em meu pórtico
E o mar entra por os teus olhos o pórtico cessando.

Caia a noite, não caia a noite, só importa a candeia
Por acender nas casas que não vejo na encosta e eu lá...
Úmida sombra nos sons do tanque noturno sem lua, as rãs rangem,
Coaxar tarde no vale, porque tudo é vale onde o som dói...

Milagre do aparecimento da Senhora das Angústias aos loucos...
Maravilha do enegrecimento do punhal tirado para os atos...
Os olhos fechados, a cabeça pendida contra a coluna certa
E o mundo para além dos vitrais paisagem sem ruínas...

A casa branca nau preta...

Felicidade na Austrália...

2. ACASO

No acaso da rua o acaso da rapariga loura.
Mas não, não é aquela.

A outra era noutra rua, noutra cidade, e eu era outro.

Perco-me subitamente da visão imediata,
Estou outra vez na outra cidade, na outra rua,
E a outra rapariga passa.

Que grande vantagem o recordar intransigentemente!
Agora tenho pena de nunca mais ter visto a outra rapariga,
E tenho pena de afinal nem sequer ter olhado para esta.

Que grande vantagem trazer a alma virada do avesso!
Ao menos escrevem-se versos.
Escrevem-se versos, passa-se por doido, e depois por gênio, se calhar,
Se calhar, ou até sem calhar,
Maravilha das celebridades!

Ia eu dizendo que ao menos escrevem-se versos...
Mas isto era a respeito de uma rapariga,
De uma rapariga loura, mas qual delas?
Havia uma que vi há muito tempo numa outra cidade,
Numa outra espécie de rua;
E houve esta que vi há muito tempo numa outra cidade
Numa outra espécie de rua;

Por que todas as recordações são a mesma recordação,
Tudo que foi é a mesma morte,
Ontem, hoje, quem sabe se até amanhã?

Um transeunte olha para mim com uma estranheza ocasional.
Estaria eu a fazer versos em gestos e caretas?
Pode ser... A rapariga loura?
É a mesma afinal...
Tudo é o mesmo afinal...

Só eu, de qualquer modo não sou o mesmo, e isto é o mesmo também.

3.

Acordar da cidade de Lisboa, mais tarde do que as outras,
Acordar da rua do Ouro,
Acordar do Rossio, às portas dos cafés,
Acordar
E no meio de tudo a gare, a gare que nunca dorme,
Como um coração que tem que pulsar através da vigília e do sono.

Toda a manhã que raia, raia sempre no mesmo lugar,
Não há manhãs sobre cidades, ou manhãs sobre o campo.
À hora em que o dia raia, em que a luz estremece a erguer-se
Todos os lugares são o mesmo lugar, todas as terras são a mesma,
E é eterna e de todos os lugares a frescura que sobe por tudo.

Uma espiritualidade feita com a nossa própria carne,
Um alívio de viver de que o nosso corpo partilha,
Um entusiasmo por o dia que vai vir, uma alegria por o que pode
[acontecer de bom,
São os sentimentos que nascem de estar olhando para a madrugada,
Seja ela a leve senhora dos cumes dos montes,
Seja ela a invasora lenta das ruas das cidades que vão leste-oeste,
Seja

A mulher que chora baixinho
Entre o ruído da multidão em vivas...
O vendedor de ruas, que tem um pregão esquisito,
Cheio de individualidade para quem repara...

O arcanjo isolado, escultura numa catedral,
Siringe fugindo aos braços estendidos de Pã,
Tudo isto tende para o mesmo centro,
Busca encontrar-se e fundir-se
Na minha alma.

Eu adoro todas as coisas
E o meu coração é um albergue aberto toda a noite.
Tenho pela vida um interesse ávido
Que busca compreendê-la sentindo-a muito.
Amo tudo, animo tudo, empresto humanidade a tudo,
Aos homens e às pedras, às almas e às máquinas,
Para aumentar com isso a minha personalidade.
Pertenço a tudo para pertencer cada vez mais a mim próprio
E a minha ambição era trazer o universo ao colo
Como uma criança a quem a ama beija.

Eu amo todas as coisas, umas mais do que as outras –
Não nenhuma mais do que outra, mas sempre mais as que estou vendo
Do que as que vi ou verei.
Nada para mim é tão belo como o movimento e as sensações.
A vida é uma grande feira e tudo são barracas e saltimbancos.
Penso nisto, enterneço-me mas não sossego nunca.

Dá-me lírios, lírios
E rosas também.

4. ADIAMENTO

Depois de amanhã, sim, só depois de amanhã...
Levarei amanhã a pensar em depois de amanhã,
E assim será possível; mas hoje não...
Não, hoje nada; hoje não posso.
A persistência confusa da minha subjetividade objetiva,
O sono da minha vida real, intercalado,
O cansaço antecipado e infinito,
Um cansaço de mundos para apanhar um elétrico...
Esta espécie de alma...
        Só depois de amanhã...
Hoje quero preparar-me,

Quero preparar-me para pensar amanhã no dia seguinte...
Ele é que é decisivo.
Tenho já o plano traçado; mas não, hoje não traço planos...
Amanhã é o dia dos planos.
Amanhã sentar-me-ei à secretária para conquistar o mundo;
Mas só conquistarei o mundo depois de amanhã...
Tenho vontade de chorar,
Tenho vontade de chorar muito de repente, de dentro...

Não, não queiram saber mais nada, é segredo, não digo.
Só depois de amanhã...
Quando era criança o circo de domingo divertia-me toda a semana.
Hoje só me diverte o circo de domingo de toda a semana da minha infância...
Depois de amanhã serei outro,
A minha vida triunfar-se-á,
Todas as minhas qualidades reais de inteligente, lido e prático
Serão convocadas por um edital...
Mas por um edital de amanhã...
Hoje quero dormir, redigirei amanhã...
Por hoje, qual é o espetáculo que me repetiria a infância?
Mesmo para eu comprar os bilhetes amanhã,
Que depois de amanhã é que está bem o espetáculo...
Antes, não...
Depois de amanhã terei a pose pública que amanhã estudarei.
Depois de amanhã serei finalmente o que hoje não posso nunca ser.
Só depois de amanhã...
Tenho sono como o frio de um cão vadio.
Tenho muito sono.
Amanhã te direi as palavras, ou depois de amanhã...
Sim, talvez só depois de amanhã...

O porvir...
Sim, o porvir...

5. A FERNANDO PESSOA

Depois de ler seu drama estático
"O marinheiro" em "Orpheu 1"

Depois de doze minutos
Do seu drama *O marinheiro,*
Em que os mais ágeis e astutos
Se sentem com sono e brutos,
E de sentido nem cheiro,
Diz rimadas veladoras
Com langorosa magia:

De eterno e belo há apenas o sonho. Por que estamos nós falando ainda?

Ora isso mesmo é que eu ia
Perguntar a essas senhoras...

6.

Afinal, a melhor maneira de viajar é sentir.
Sentir tudo de todas as maneiras.
Sentir tudo excessivamente,
Porque todas as coisas são, em verdade, excessivas
E toda a realidade é um excesso, uma violência,
Uma alucinação extraordinariamente nítida
Que vivemos todos em comum com a fúria das almas,
O centro para onde tendem as estranhas forças centrífugas
Que são as psiques humanas no seu acordo de sentidos.

Quanto mais eu sinta, quanto mais eu sinta como várias pessoas,
Quanto mais personalidades eu tiver,
Quanto mais intensamente, estridentemente as tiver,
Quanto mais simultaneamente sentir com todas elas,
Quanto mais unificadamente diverso, dispersadamente atento,
Estiver, sentir, viver, for,
Mais possuirei a existência total do universo,
Mais completo serei pelo espaço inteiro fora.
Mais análogo serei a Deus, seja ele quem for,
Porque, seja ele quem for, com certeza que é Tudo,
E fora d'Ele há só Ele, e Tudo para Ele é pouco.
Cada alma é uma escada para Deus,
Cada alma é um corredor-Universo para Deus,

Cada alma é um rio correndo por margens de Externo
Para Deus e em Deus com um sussurro soturno.

Sursum corda! Erguei as almas! Toda a Matéria é Espírito,
Porque Matéria e Espírito são apenas nomes confusos
Dados à grande sombra que ensopa o Exterior em sonho
E funde em Noite e Mistério o Universo Excessivo!
Sursum corda! Na noite acordo, o silêncio é grande,
As coisas, de braços cruzados sobre o peito, reparam
Com uma tristeza nobre para os meus olhos abertos
Que as vê como vagos vultos noturnos na noite negra.
Sursum corda! Acordo na noite e sinto-me diverso.
Todo o Mundo com a sua forma visível do costume
Jaz no fundo dum poço e faz um ruído confuso,
Escuto-o, e no meu coração um grande pasmo soluça.

Sursum corda! ó Terra, jardim suspenso, berço
Que embala a Alma dispersa da humanidade sucessiva!
Mãe verde e florida todos os anos recente,
Todos os anos vernal, estival, outonal, hiemal,
Todos os anos celebrando às mancheias as festas de Adonis
Num rito anterior a todas as significações,
Num grande culto em tumulto pelas montanhas e os vales!
Grande coração pulsando no peito nu dos vulcões,
Grande voz acordando em cataratas e mares,
Grande bacante ébria do Movimento e da Mudança,
Em cio de vegetação e florescência rompendo
Teu próprio corpo de terra e rochas, teu corpo submisso
A tua própria vontade transtornadora e eterna!
Mãe carinhosa e unânime dos ventos, dos mares, dos prados,
Vertiginosa mãe dos vendavais e ciclones,
Mãe caprichosa que faz vegetar e secar,
Que perturba as próprias estações e confunde
Num beijo imaterial os sóis e as chuvas e os ventos!

Sursum corda! Reparo para ti e todo eu sou um hino!
Tudo em mim como um satélite da tua dinâmica íntima
Volteia serpenteando ficando como um anel
Nevoento, de sensações reminiscidas e vagas,
Em torno ao teu vulto interno túrgido e fervoroso.

Ocupa de toda a tua força e de todo o teu poder quente
Meu coração a ti aberto!
Como uma espada trespassando meu ser erguido e extático,
Intersecciona com o meu sangue, com a minha pele e os meus nervos,
Teu movimento contínuo, contíguo a ti-própria sempre,

Sou um monte confuso de forças cheias de infinito
Tendendo em todas as direções para todos os lados do espaço,
A Vida, essa coisa enorme, é que prende tudo e tudo une
E faz com que todas as forças que raivam dentro de mim
Não passem de mim, nem quebrem meu ser, não partam meu corpo,
Não me arremessem, como uma bomba de Espírito que estoira
Em sangue e carne e alma espiritualizados para entre as estrelas,
Para além dos sóis de outros sistemas e dos astros remotos.

Tudo o que há dentro de mim tende a voltar a ser tudo.
Tudo o que há dentro de mim tende a despejar-me no chão,
No vasto chão supremo que não está em cima nem embaixo
Mas sob as estrelas e os sóis, sob as almas e os corpos
Por uma oblíqua posse dos nossos sentidos intelectuais.

Sou uma chama ascendendo, mas ascendo para baixo e para cima,
Ascendo para todos os lados ao mesmo tempo, sou um globo
De chamas explosivas buscando Deus e queimando
A crosta dos meus sentidos, o muro da minha lógica,
A minha inteligência limitadora e gelada.

Sou uma grande máquina movida por grandes correias
De que só vejo a parte que pega nos meus tambores,
O resto vai para além dos astros, passa para além dos sóis,
E nunca parece chegar ao tambor donde parte...

Meu corpo é um centro dum volante estupendo e infinito
Em marcha sempre vertiginosamente em torno de si,
Cruzando-se em todas as direções com outros volantes,
Que se entrepenetram e misturam, porque isto não é no espaço
Mas não sei onde espacial de uma outra maneira-Deus.

Dentro de mim estão presos e atados ao chão
Todos os movimentos que compõem o universo,
A fúria minuciosa e dos átomos,
A fúria de todas as chamas, a raiva de todos os ventos,
A espuma furiosa de todos os rios, que se precipitam,
A chuva com pedras atiradas de catapultas
De enormes exércitos de anões escondidos no céu.

Sou um formidável dinamismo obrigado ao equilíbrio
De estar dentro do meu corpo, de não transbordar da minh'alma.
Ruge, estoira, vence, quebra, estrondeia, sacode,
Freme, treme, espuma, venta, viola, explode,
Perde-te, transcende-te, circunda-te, vive-te, rompe e foge,
Sê com todo o meu corpo todo o universo e a vida,
Arde com todo o meu ser todos os lumes e luzes,
Risca com toda a minha alma todos os relâmpagos e fogos
Sobrevive-me em minha vida em todas as direções!

7.

Ah a frescura na face de não cumprir um dever!
Faltar é positivamente estar no campo!
Que refúgio o não se poder ter confiança em nós!
Respiro melhor agora que passaram as horas dos encontros.
Faltei a todos, com uma deliberação do desleixo,
Fiquei esperando a vontade de ir para lá, que eu saberia que não vinha.
Sou livre, contra a sociedade organizada e vestida.
Estou nu, e mergulho na água da minha imaginação.
E tarde para eu estar em qualquer dos dois pontos onde estaria à mesma hora,
Deliberadamente à mesma hora...
Está bem, ficarei aqui sonhando versos e sorrindo em itálico.
É tão engraçada esta parte assistente da vida!
Até não consigo acender o cigarro seguinte...
Se é um gesto,
Fique com os outros, que me esperam, no desencontro que é a vida.

8.

Ah, onde estou ou onde passo, ou onde não estou nem passo,
A banalidade devorante das caras de toda a gente!
Ah, a angústia insuportável de gente!
O cansaço inconvertível de ver e ouvir!

(Murmúrio outrora de regatos próprios, de arvoredo meu.)

Queria vomitar o que vi, só da náusea de o ter visto,
Estômago da alma alvorotado de eu ser...

9.

Ah, perante esta única realidade, que é o mistério,
Perante esta única realidade terrível – a de haver uma realidade,
Perante este horrível ser que é haver ser,
Perante este abismo de existir um abismo,
Este abismo de a existência de tudo ser um abismo,
Ser um abismo por simplesmente ser,
Por poder ser, Por haver ser!
– Perante isto tudo como tudo o que os homens fazem,
Tudo o que os homens dizem,
Tudo quanto constroem, desfazem ou se constrói ou desfaz através deles,
Se empequena!
Não, não se empequena... se transforma em outra coisa –
Numa só coisa tremenda e negra e impossível,
Uma coisa que está para além dos deuses, de Deus, do Destino –
Aquilo que faz que haja deuses e Deus e Destino,
Aquilo que faz que haja ser para que possa haver seres,
Aquilo que subsiste através de todas as formas
De todas as vidas, abstratas ou concretas,
Eternas ou contingentes,
Verdadeiras ou falsas!
Aquilo que, quando se abrangeu tudo, ainda ficou fora,
Porque quando se abrangeu tudo não se abrangeu explicar porque é um tudo,
Por que há qualquer coisa, porque há qualquer coisa, porque há qualquer coisa!

Minha inteligência tornou-se um coração cheio de pavor,
E é com minhas ideias que tremo, com a minha consciência de mim,
Com a substância essencial do meu ser abstrato
Que sufoco de incompreensível,
Que me esmago de ultratranscendente,
E deste medo, desta angústia, deste perigo do ultrasser,
Não se pode fugir, não se pode fugir, não se pode fugir!

Cárcere do Ser, não há libertação de ti?
Cárcere de pensar, não há libertação de ti?
Ah, não, nenhuma – nem morte, nem vida, nem Deus!
Nós, irmãos gêmeos do Destino em ambos existirmos,
Nós, irmãos gêmeos dos Deuses todos, de toda a espécie,
Em sermos o mesmo abismo, em sermos a mesma sombra,
Sombra sejamos, ou sejamos luz, sempre a mesma noite.

Ah, se afronto confiado a vida, a incerteza da sorte,
Sorridente, impensando, a possibilidade quotidiana de todos os males,
Inconsciente, o mistério de todas as coisas e de todos os gestos,
Por que não afrontarei sorridente, inconsciente, a Morte?
Ignoro-a? Mas que é que eu não ignoro?
A pena em que pego, a letra que escrevo, o papel em que escrevo,
São mistérios menores que a Morte? Como se tudo é o mesmo mistério?
E eu escrevo, estou escrevendo, por uma necessidade sem nada.

Ah, afronte eu como um bicho a morte que ele não sabe que existe!
Tenho eu a inconsciência profunda de todas as coisas naturais,
Pois, por mais consciência que tenha, tudo é inconsciência
Salvo o ter criado tudo, e o ter criado tudo ainda é inconsciência,
Porque é preciso existir para se criar tudo,
E existir é ser inconsciente, porque existir é ser possível haver ser,
E ser possível haver ser é maior que todos os Deuses.

10. AH, UM SONETO...

Meu coração é um almirante louco
Que abandonou a profissão do mar
E que a vai relembrando pouco a pouco

Em casa a passear, a passear...

No movimento (eu mesmo me desloco
Nesta cadeira, só de o imaginar)
O mar abandonado fica em foco
Nos músculos cansados de parar.

Há saudades nas pernas e nos braços.
Há saudades no cérebro por fora.
Há grandes raivas feitas de cansaços.

Mas – esta é boa! – era do coração
Que eu falava... e onde diabo estou agora
Com almirante em vez de sensação?...

11.

Ali não havia eletricidade.
Por isso foi à luz de uma vela mortiça
Que li, inserto na cama,
O que estava à mão para ler –
A Bíblia, em português, porque (coisa curiosa!), feita para protestantes.
E reli a Primeira Epístola aos Coríntios.
Em torno de mim o sossego excessivo das noites de província
Fazia um grande barulho ao contrário,
Dava-me uma tendência do choro para a desolação.
A Primeira Epístola aos Coríntios...
Relia-a à luz de uma vela subitamente antiquíssima,
E um grande mar de emoção ouviu-se dentro de mim...

Sou nada...
Sou uma ficção...
Que ando eu a querer de mim ou de tudo neste mundo?
"Se eu não tivesse a caridade"...
E a soberana luz manda, e do alto dos séculos,
A grande mensagem com que a alma é livre...
"Se eu não tivesse a caridade"...
Meu Deus, e eu que não tenho a caridade!...

12. ANIVERSÁRIO

No tempo em que festejavam o dia dos meus anos,
Eu era feliz e ninguém estava morto.
Na casa antiga, até eu fazer anos era uma tradição de há séculos,
E a alegria de todos, e a minha, estava certa com uma religião qualquer.

No tempo em que festejavam o dia dos meus anos,
Eu tinha a grande saúde de não perceber coisa nenhuma,
De ser inteligente para entre a família,
E de não ter as esperanças que os outros tinham por mim.
Quando vim a ter esperanças, já não sabia ter esperanças.
Quando vim a olhar para a vida, perdera o sentido da vida.

Sim, o que fui de suposto a mim-mesmo,
O que fui de coração e parentesco.
O que fui de serões de meia-província,
O que fui de amarem-me e eu ser menino,
O que fui – ai, meu Deus!, o que só hoje sei que fui...
A que distância!...
(Nem o acho...)
O tempo em que festejavam o dia dos meus anos!

O que eu sou hoje é como a umidade no corredor do fim da casa,
Pondo grelado nas paredes...
O que eu sou hoje (e a casa dos que me amaram treme através das minhas
[lágrimas),
O que eu sou hoje é terem vendido a casa,
É terem morrido todos,
É estar eu sobrevivente a mim-mesmo como um fósforo frio...

No tempo em que festejavam o dia dos meus anos...
Que meu amor, como uma pessoa, esse tempo!
Desejo físico da alma de se encontrar ali outra vez,
Por uma viagem metafísica e carnal,
Com uma dualidade de eu para mim...
Comer o passado como pão de fome, sem tempo de manteiga nos dentes!
Vejo tudo outra vez com uma nitidez que me cega para o que há aqui:

A mesa posta com mais lugares, com melhores desenhos na loiça,
[com mais copos,
O aparador com muitas coisas – doces, frutas, o resto na sombra
[debaixo do alçado –,
As tias velhas, os primos diferentes, e tudo era por minha causa,
No tempo em que festejavam o dia dos meus anos...

Para, meu coração!
Não penses! Deixa o pensar na cabeça!
Ó meu Deus, meu Deus, meu Deus!
Hoje já não faço anos.
Duro.
Somam-se-me dias.
Serei velho quando o for.
Mais nada.
Raiva de não ter trazido o passado roubado na algibeira!...

O tempo em que festejavam o dia dos meus anos!...

13.

Ao volante do Chevrolet pela estrada de Sintra,
Ao luar e ao sonho, na estrada deserta,
Sozinho guio, guio quase devagar, e um pouco
Me parece, ou me forço um pouco para que me pareça,
Que sigo por outra estrada, por outro sonho, por outro mundo,
Que sigo sem haver Lisboa deixada ou Sintra a que ir ter,
Que sigo, e que mais haverá em seguir senão não parar mas seguir?

Vou passar a noite a Sintra por não poder passá-la em Lisboa,
Mas, quando chegar a Sintra, terei pena de não ter ficado em Lisboa.
Sempre esta inquietação sem propósito, sem nexo, sem consequência,
Sempre, sempre, sempre,
Esta angústia excessiva do espírito por coisa nenhuma,
Na estrada de Sintra, ou na estrada do sonho, ou na estrada da vida...

Maleável aos meus movimentos subconscientes no volante,
Galga sob mim comigo, o automóvel que me emprestaram.

Sorrio do símbolo, ao pensar nele, e ao virar à direita.
Em quantas coisas que me emprestaram eu sigo no mundo!
Quantas coisas que me emprestaram guio como minhas!
Quanto que me emprestaram, ai de mim!, eu próprio sou!

À esquerda o casebre – sim, o casebre – à beira da estrada
À direita o campo aberto, com a lua ao longe.
O automóvel, que parecia há pouco dar-me liberdade,
É agora uma coisa onde estou fechado
Que só posso conduzir se nele estiver fechado,
Que só domino se me incluir nele, se ele me incluir a mim.
À esquerda lá para trás o casebre modesto, mais que modesto.
A vida ali deve ser feliz, só porque não é a minha.
Se alguém me viu da janela do casebre, sonhará: Aquele é que é feliz.
Talvez à criança espreitando pelos vidros da janela do andar que está em cima
Fiquei (com o automóvel emprestado) como um sonho, uma fada real.
Talvez à rapariga que olhou, ouvindo o motor, pela janela da cozinha
No pavimento térreo,
Sou qualquer coisa do príncipe de todo o coração de rapariga,
E ela me olhará de esguelha, pelos vidros, até à curva em que me perdi.
Deixarei sonhos atrás de mim, ou é o automóvel que os deixa?
Eu, guiador do automóvel emprestado, ou o automóvel emprestado que eu guio?

Na estrada de Sintra ao luar, na tristeza, ante os campos e a noite,
Guiando o Chevrolet emprestado desconsoladamente,
Perco-me na estrada futura, sumo-me na distância que alcanço,
E, num desejo terrível, súbito, violento, inconcebível,
Acelero...
Mas o meu coração ficou no monte de pedras, de que me desviei ao vê-lo sem vê-lo,
À porta do casebre,
O meu coração vazio,
O meu coração insatisfeito,
O meu coração mais humano do que eu, mais exato que a vida.

Na estrada de Sintra, perto da meia-noite, ao luar, ao volante,
Na estrada de Sintra, que cansaço da própria imaginação,
Na estrada de Sintra, cada vez mais perto de Sintra,
Na estrada de Sintra, cada vez menos perto de mim...

14.

A plácida face anônima de um morto.

Assim os antigos marinheiros portugueses,
Que temeram, seguindo contudo, o mar grande do Fim,
Viram, afinal, não monstros nem grandes abismos,
Mas praias maravilhosas e estrelas por ver ainda.

O que é que os taipais do mundo escondem nas montras de Deus?

15. APONTAMENTO

A minha alma partiu-se como um vaso vazio.
Caiu pela escada excessivamente abaixo.
Caiu das mãos da criada descuidada.
Caiu, fez-se em mais pedaços do que havia loiça no vaso.

Asneira? Impossível? Sei lá!
Tenho mais sensações do que tinha quando me sentia eu.
Sou um espalhamento de cacos sobre um capacho por sacudir.

Fiz barulho na queda como um vaso que se partia.
Os deuses que há debruçam-se do parapeito da escada.
E fitam os cacos que a criada deles fez de mim.

Não se zanguem com ela.
São tolerantes com ela.
O que era eu um vaso vazio?

Olham os cacos absurdamente conscientes,
Mas conscientes de si mesmos, não conscientes deles.

Olham e sorriem.
Sorriem tolerantes à criada involuntária.

Alastra a grande escadaria atapetada de estrelas.
Um caco brilha, virado do exterior lustroso, entre os astros.

A minha obra? A minha alma principal? A minha vida?
Um caco.
E os deuses olham-no especialmente, pois não sabem por que ficou ali.

16. APOSTILA

Aproveitar o tempo!
Mas o que é o tempo, para que eu o aproveite?
Aproveitar o tempo!
Nenhum dia sem linha...
O trabalho honesto e superior...
O trabalho à Virgílio, à Milton...
Mas é tão difícil ser honesto ou ser superior!
É tão pouco provável ser Milton ou ser Virgílio!

Aproveitar o tempo!
Tirar da alma os bocados precisos – nem mais nem menos –
Para com eles juntar os cubos ajustados
Que fazem gravuras certas na história
(E estão certas também do lado de baixo, que se não vê)...
Pôr as sensações em castelo de cartas, pobre China dos serões,
E os pensamentos em dominó, igual contra igual,
E a vontade em carambola difícil.
Imagens de jogos ou de paciências ou de passatempos –
Imagens da vida, imagens das vidas. Imagens da Vida...

Verbalismo...
Sim, verbalismo...
Aproveitar o tempo!
Não ter um minuto que o exame de consciência desconheça...
Não ter um ato indefinido nem factício...
Não ter um movimento desconforme com propósitos...
Boas-maneiras da alma...
Elegância de persistir...

Aproveitar o tempo!
Meu coração está cansado como um mendigo verdadeiro.
Meu cérebro está pronto como um fardo posto ao canto.
Meu canto (verbalismo!) está tal como está e é triste.

Aproveitar o tempo!
Desde que comecei a escrever passaram cinco minutos.
Aproveitei-os ou não?
Se não sei se os aproveitei, que saberei de outros minutos?

(Passageira que viajavas tantas vezes no mesmo compartimento comigo
No comboio suburbano,
Chegaste a interessar-te por mim?
Aproveitei o tempo olhando para ti?
Qual foi o ritmo do nosso sossego no comboio andante?
Qual foi o entendimento que não chegamos a ter?
Qual foi a vida que houve nisto? Que foi isto à vida?)

Aproveitar o tempo!...
Ah, deixem-me não aproveitar nada!
Nem tempo, nem ser, nem memórias de tempo ou de ser!
Deixem-me ser uma folha de árvore, titilada por brisas,
A poeira de uma estrada involuntária e sozinha,
O regato casual das chuvas que vão mo acabando,
O vinco deixado na estrada pelas rodas enquanto não vêm outras.
O pião do garoto, que vai a parar,
E oscila, no mesmo movimento que o da terra,
E estremece, no mesmo movimento que o da alma,
E cai, como caem os deuses, no chão do Destino.

17.

A Praça da Figueira de manhã,
Quando o dia é de sol (como acontece
Sempre em Lisboa), nunca em mim esquece,
Embora seja uma memória vã.

Há tanta coisa mais interessante
Que aquele lugar lógico e plebeu,
Mas amo aquilo, mesmo aqui... Sei eu
Porque o amo? Não importa. Adiante...
Isto de sensações só vale a pena

Se a gente se não põe a olhar para elas.
Nenhuma delas em mim é serena...

De resto, nada em mim é certo e está
De acordo comigo próprio. As horas belas
São as dos outros, ou as que não há.

18.

Às vezes tenho ideias felizes,
Ideias subitamente felizes, em ideias
E nas palavras em que naturalmente se despejam...

Depois de escrever, leio...
Por que escrevi isto?
Onde fui buscar isto?
De onde me veio isto? Isto é melhor do que eu...

Seremos nós neste mundo apenas canetas com tinta
Com que alguém escreve a valer o que nós aqui traçamos?

19. BARROW-ON-FURNESS

I

Sou vil, sou reles, como toda a gente
Não tenho ideais, mas não os tem ninguém.
Quem diz que os tem é como eu, mas mente.
Quem diz que busca é porque não os tem.

É com a imaginação que eu amo o bem.
Meu baixo ser porém não mo consente.
Passo, fantasma do meu ser presente,
Ébrio, por intervalos, de um Além.

Como todos não creio no que creio.

Talvez possa morrer por esse ideal.
Mas, enquanto não morro, falo e leio.

Justificar-me? Sou quem todos são...
Modificar-me? Para meu igual?...
– Acaba lá com isso, ó coração!

II

Deuses, forças, almas de ciência ou fé,
Eh! Tanta explicação que nada explica!
Estou sentado no cais, numa barrica,
E não compreendo mais do que de pé.

Por que o havia de compreender?
Pois sim, mas também por que o não havia?
Água do rio, correndo suja e fria,
Eu passo como tu, sem mais valer...

Ó universo, novelo emaranhado,
Que paciência de dedos de quem pensa
Em outra coisa te põe separado?

Deixa de ser novelo o que nos fica...
A que brincar? Ao amor?, à indiferença?
Por mim, só me levanto da barrica.

III

Corre, raio de rio, e leva ao mar
A minha indiferença subjetiva!
Qual "leva ao mar"! Tua presença esquiva
Que tem comigo e com o meu pensar?

Lesma de sorte! Vivo a cavalgar
A sombra de um jumento. A vida viva
Vive a dar nomes ao que não se ativa,
Morre a pôr etiquetas ao grande ar...

Escancarado Furness, mais três dias
Te, aturarei, pobre engenheiro preso
A sucessibilíssimas vistorias...

Depois, ir-me-ei embora, eu e o desprezo
(E tu irás do mesmo modo que ias),
Qualquer, na gare, de cigarro aceso...

IV

Conclusão a sucata!... Fiz o cálculo,
Saiu-me certo, fui elogiado...
Meu coração é um enorme estrado
Onde se expõe um pequeno animálculo...

A microscópio de desilusões
Findei, prolixo nas minúcias fúteis...
Minhas conclusões práticas, inúteis...
Minhas conclusões teóricas, confusões...

Que teorias há para quem sente
O cérebro quebrar-se, como um dente
Dum pente de mendigo que emigrou?

Fecho o caderno dos apontamentos
E faço riscos moles e cinzentos
Nas costas do envelope do que sou...

V

Há quanto tempo, Portugal, há quanto
Vivemos separados! Ah, mas a alma,
Esta alma incerta, nunca forte ou calma,
Não se distrai de ti, nem bem nem tanto.

Sonho, histérico oculto, um vão recanto...
O rio Furness, que é o que aqui banha,
Só ironicamente me acompanha,
Que estou parado e ele correndo tanto...

Tanto? Sim, tanto relativamente...
Arre, acabemos com as distinções,
As subtilezas, o interstício, o entre,
A metafísica das sensações –

Acabemos com isto e tudo mais...
Ah, que ânsia humana de ser rio ou cais!

20. BICARBONATO DE SODA

Súbita, uma angústia...
Ah, que angústia, que náusea do estômago à alma!
Que amigos que tenho tido!
Que vazias de tudo as cidades que tenho percorrido!
Que esterco metafísico os meus propósitos todos!

Uma angústia,
Uma desconsolação da epiderme da alma,
Um deixar cair os braços ao sol-pôr do esforço...
Renego.
Renego tudo.
Renego mais do que tudo.
Renego a gládio e fim todos os Deuses e a negação deles.
Mas o que é que me falta, que o sinto faltar-me no estômago e na
[circulação do sangue?
Que atordoamento vazio me esfalfa no cérebro?

Devo tomar qualquer coisa ou suicidar-me?
Não: vou existir. Arre! Vou existir.
E-xis-tir...
E--xis--tir...

Meu Deus! Que budismo me esfria no sangue!
Renunciar de portas todas abertas,
Perante a paisagem todas as paisagens,
Sem esperança, em liberdade,
Sem nexo,

Acidente da inconsequência da superfície das coisas,
Monótono mas dorminhoco,
E que brisas quando as portas e as janelas estão todas abertas!
Que verão agradável dos outros!

Deem-me de beber, que não tenho sede!

21.

Chega através do dia de névoa alguma coisa do esquecimento.
Vem brandamente com a tarde a oportunidade da perda.
Adormeço sem dormir, ao relento da vida.

É inútil dizer-me que as ações têm consequências.
É inútil eu saber que as ações usam consequências.
É inútil tudo, é inútil tudo, é inútil tudo.

Através do dia de névoa não chega coisa nenhuma.

Tinha agora vontade
De ir esperar ao comboio da Europa o viajante anunciado,
De ir ao cais ver entrar o navio e ter pena de tudo.

Não vem com a tarde oportunidade nenhuma.

22. CLEARLY NON-CAMPOS!

Não sei qual é o sentimento, ainda inexpresso,
Que subitamente, como uma sufocação, me aflige
O coração que, de repente,
Entre o que vive, se esquece.
Não sei qual é o sentimento
Que me desvia do caminho,
Que me dá de repente
Um nojo daquilo que seguia,
Uma vontade de nunca chegar a casa,

Um desejo de indefinido.
Um desejo lúcido de indefinido.
Quatro vezes mudou a estação falsa
No falso ano, no imutável curso
Do tempo consequente;
Ao verde segue o seco, e ao seco o verde,
E não sabe ninguém qual é o primeiro,
Nem o último, e acabam.

23.

Começa a haver meia-noite, e a haver sossego,
Por toda a parte das casas sobrepostas,
Os andares vários da acumulação da vida...

Calaram o piano no terceiro andar...
Não ouço já passos no segundo andar...
No rés-do-chão o rádio está em silêncio...

Vai tudo dormir...

Fico sozinho com o universo inteiro.
Não quero ir à janela:
Se eu olhar, que de estrelas!
Que grandes silêncios maiores há no alto!
Que céu anticitadino!...

Antes, recluso,
Num desejo de não ser recluso,
Escuto ansiosamente os ruídos da rua...
Um automóvel – demasiado rápido! –
Os duplos passos em conversa falam-me...
O som de um portão que se fecha brusco dói-me...

Vai tudo dormir...
Só eu velo, sonolentamente escutando,
Esperando
Qualquer coisa antes que durma...
Qualquer coisa...

24.

Começo a conhecer-me. Não existo.
Sou o intervalo entre o que desejo ser e os outros me fizeram,
Ou metade desse intervalo, porque também há vida...
Sou isso, enfim...
Apague a luz, feche a porta e deixe de ter barulhos de chinelos no corredor.
Fique eu no quarto só com o grande sossego de mim mesmo.
É um universo barato.

25.

Conclusão a sucata!... Fiz o cálculo,
Saiu-me certo, fui elogiado...
Meu coração é um enorme estrado
Onde se expõe um pequeno animálculo...

A microscópio de desilusões
Findei, prolixo nas minúcias fúteis...
Minhas conclusões práticas, inúteis...
Minhas conclusões teóricas, confusões...

Que teorias há para quem sente
O cérebro quebrar-se, como um dente
Dum pente de mendigo que emigrou?

Fecho o caderno dos apontamentos
E faço riscos moles e cinzentos
Nas costas do envelope do que sou...

26.

Contudo, contudo,
Também houve gládios e flâmulas de cores
Na primavera do que sonhei de mim.
Também a esperança

Orvalhou os campos da minha visão involuntária,
Também tive quem também me sorrisse.

Hoje estou como se esse tivesse sido outro.
Quem fui não me lembra senão como uma história apensa.
Quem serei não me interessa, como o futuro do mundo.

Caí pela escada abaixo subitamente,
E até o som de cair era a gargalhada da queda.
Cada degrau era a testemunha importuna e dura
Do ridículo que fiz de mim.

Pobre do que perdeu o lugar oferecido por não ter casaco limpo com
[que aparecesse,
Mas pobre também do que, sendo rico e nobre,
Perdeu o lugar do amor por não ter casaco bom dentro das simpatias.
Sou imparcial como a neve.
Nunca preferi o pobre ao rico,
Como, em mim, nunca preferi nada a nada.

Vi sempre o mundo independentemente de mim.
Por trás disso estavam as minhas sensações vivíssimas,
Mas isso era outro mundo.
Contudo a minha mágoa nunca me fez ver negro o que era cor de laranja.
Acima de tudo o mundo externo!
Eu que me aguente comigo e com os comigos de mim.

27.

Cruz na porta da tabacaria!
Quem morreu? O próprio Alves? Dou
Ao diabo o bem-estar que trazia.
Desde ontem a cidade mudou.

Quem era? Ora, era quem eu via.
Todos os dias o via. Estou
Agora sem essa monotonia.
Desde ontem a cidade mudou.

Ele era o dono da tabacaria.
Um ponto de referência de quem sou
Eu passava ali de noite e de dia.
Desde ontem a cidade mudou.

Meu coração tem pouca alegria,
Vejo que a morte está onde estou.
Taipais jazigo – tabacaria!
Desde ontem a cidade mudou.

Mas ao menos a ele, alguém o via,
Ele era fixo. Eu, porque vou,
Não falto; por mim ninguém diria
Desde ontem a cidade mudou.

28.

Cruzou por mim, veio ter comigo, numa rua da Baixa
Aquele homem mal vestido, pedinte por profissão que se lhe vê na cara,
Que simpatiza comigo e eu simpatizo com ele;
E reciprocamente, num gesto largo, transbordante, dei-lhe tudo quanto tinha
(Exceto, naturalmente, o que estava na algibeira onde trago mais dinheiro:
Não sou parvo nem romancista russo, aplicado,
E romantismo, sim, mas devagar...).

Sinto uma simpatia por essa gente toda,
Sobretudo quando não merece simpatia.
Sim, eu sou também vadio e pedinte,
E sou-o também por minha culpa.
Ser vadio e pedinte não é ser vadio e pedinte:
É estar ao lado da escala social,
É não ser adaptável às normas da vida,
Às normas reais ou sentimentais da vida –
Não ser juiz do Supremo, empregado certo, prostituta,
Não ser pobre a valer, operário explorado,
Não ser doente de uma doença incurável,
Não ser sedento de justiça, ou capitão de cavalaria,

Não ser, enfim, aquelas pessoas sociais dos novelistas
Que se fartam de letras porque têm razão para chorar lágrimas,
E se revoltam contra a vida social porque têm razão para isso supor.

Não: tudo menos ter razão!
Tudo menos importar-me com a humanidade!
Tudo menos ceder ao humanitarismo!
De que serve uma sensação se há uma razão exterior para ela?

Sim, ser vadio e pedinte, como eu sou,
Não é ser vadio e pedinte, o que é corrente:
É ser isolado na alma, e isso é que é ser vadio,
É ter que pedir aos dias que passem, e nos deixem, e isso é que é ser pedinte.

Tudo mais é estúpido como um Dostoievski ou um Gorki.
Tudo mais é ter fome ou não ter que vestir.
E, mesmo que isso aconteça, isso acontece a tanta gente
Que nem vale a pena ter pena da gente a quem isso acontece.
Sou vadio e pedinte a valer, isto é, no sentido translato,
E estou-me rebolando numa grande caridade por mim.

Coitado do Álvaro de Campos!
Tão isolado na vida! Tão deprimido nas sensações!
Coitado dele, enfiado na poltrona da sua melancolia!
Coitado dele, que com lágrimas (autênticas) nos olhos,
Deu hoje, num gesto largo, liberal e moscovita,
Tudo quanto tinha, na algibeira em que tinha pouco, àquele
Pobre que não era pobre, que tinha olhos tristes por profissão.

Coitado do Álvaro de Campos, com quem ninguém se importa!
Coitado dele que tem tanta pena de si mesmo!

E, sim, coitado dele!
Mais coitado dele que de muitos que são vadios e vadiam,
Que são pedintes e pedem,
Porque a alma humana é um abismo.

Eu é que sei. Coitado dele!

Que bom poder-me revoltar num comício dentro de minha alma!
Mas até nem parvo sou!
Nem tenho a defesa de poder ter opiniões sociais.
Não tenho, mesmo, defesa nenhuma: sou lúcido.

Não me queiram converter a convicção: sou lúcido!
Já disse: sou lúcido.
Nada de estéticas com coração: sou lúcido.
Merda! Sou lúcido.

29. DATILOGRAFIA

Traço, sozinho, no meu cubículo de engenheiro, o plano,
Formo o projeto, aqui isolado,
Remoto até de quem eu sou.

Ao lado, acompanhamento banalmente sinistro,
O tic-tac estalado das máquinas de escrever.

Que náusea da vida!
Que abjeção esta regularidade!
Que sono este ser assim!

Outrora, quando fui outro, eram castelos e cavalarias
(Ilustrações, talvez, de qualquer livro de infância),
Outrora, quando fui verdadeiro ao meu sonho,
Eram grandes paisagens do Norte, explícitas de neve,
Eram grandes palmares do Sul, opulentos de verdes.

Outrora...

Ao lado, acompanhamento banalmente sinistro,
O tic-tac estalado das máquinas de escrever.

Temos todos duas vidas:
A verdadeira, que é a que sonhamos na infância,
E que continuamos sonhando, adultos, num substrato de névoa;

A falsa, que é a que vivemos em convivência com outros,
Que é a prática, a útil,
Aquela em que acabam por nos meter num caixão.

Na outra não há caixões, nem mortes,
Há só ilustrações de infância:
Grandes livros coloridos, para ver mas não ler;
Grandes páginas de cores para recordar mais tarde.
Na outra somos nós,
Na outra vivemos;
Nesta morremos, que é o que viver quer dizer.
Neste momento, pela náusea, vivo só na outra...

Mas ao lado, acompanhamento banalmente sinistro,
Se, desmeditando, escuto,
Ergue a voz o tic-tac estalado das máquinas de escrever.

30. DE LA MUSIQUE

Ah, pouco a pouco, entre as árvores antigas,
A figura dela emerge, e eu deixo de pensar...

Pouco a pouco da angústia de mim vou eu mesmo emergindo...

As duas figuras encontram-se na clareira ao pé do lago...

...As duas figuras sonhadas,
Porque isto foi só um raio de luar e uma tristeza minha,
E uma suposição de outra coisa,
E o resultado de existir...

Verdadeiramente, ter-se-iam encontrado as duas figuras
Na clareira ao pé do lago?
(...Mas se não existem?...)

...Na clareira ao pé do lago?... ... ...

31. DEMOGORGON

Na rua cheia de sol vago há casas paradas e gente que anda.
Uma tristeza cheia de pavor esfria-me.
Pressinto um acontecimento do lado de lá das frontarias e dos movimentos.

Não, não, isso não!
Tudo menos saber o que é o Mistério!
Superfície do Universo, ó Pálpebras Descidas,
Não vos ergais nunca!
O olhar da Verdade Final não deve poder suportar-se!

Deixai-me viver sem saber nada, e morrer sem ir saber nada!
A razão de haver ser, a razão de haver seres, de haver tudo,
Deve trazer uma loucura maior que os espaços
Entre as almas e entre as estrelas.

Não, não, a verdade não! Deixai-me estas casas e esta gente;
Assim mesmo, sem mais nada, estas casas e esta gente...
Que bafo horrível e frio me toca em olhos fechados?
Não os quero abrir de viver! Ó Verdade, esquece-te de mim!

32.

Depus a máscara e vi-me ao espelho...
Era a criança de há quantos anos...
Não tinha mudado nada...

É essa a vantagem de saber tirar a máscara.
É-se sempre a criança,
O passado que fica,
A criança.

Depus a máscara, e tornei a pô-la.
Assim é melhor,
Assim sou a máscara.

E volto à normalidade como a um términus de linha.

33.

Desfraldando ao conjunto fictício dos céus estrelados
O esplendor do sentido nenhum da vida...

Toquem num arraial a marcha fúnebre minha!
Quero cessar sem consequências...
Quero ir para a morte como para uma festa ao crepúsculo.

34. DOBRADA À MODA DO PORTO

Um dia, num restaurante, fora do espaço e do tempo,
Serviram-me o amor como dobrada fria.
Disse delicadamente ao missionário da cozinha
Que a preferia quente,
Que a dobrada (e era à moda do Porto) nunca se come fria.

Impacientaram-se comigo.
Nunca se pode ter razão, nem num restaurante.
Não comi, não pedi outra coisa, paguei a conta,
E vim passear para toda a rua.

Quem sabe o que isto quer dizer?
Eu não sei, e foi comigo...

(Sei muito bem que na infância de toda a gente houve um jardim,
Particular ou público, ou do vizinho.
Sei muito bem que brincarmos era o dono dele.
E que a tristeza é de hoje).

Sei isso muitas vezes,
Mas, se eu pedi amor, por que é que me trouxeram
Dobrada à moda do Porto fria?
Não é prato que se possa comer frio,
Mas trouxeram-mo frio.
Não me queixei, mas estava frio,
Nunca se pode comer frio, mas veio frio.

35. DOIS EXCERTOS DE ODES

(FINS DE DUAS ODES, NATURALMENTE)

I

Vem, Noite antiquíssima e idêntica,
Noite Rainha nascida destronada,
Noite igual por dentro ao silêncio, Noite
Com as estrelas lantejoulas rápidas
No teu vestido franjado de Infinito.

Vem, vagamente,
Vem, levemente,
Vem sozinha, solene, com as mãos caídas
Ao teu lado, vem
E traz os montes longínquos para o pé das árvores próximas,
Funde num campo teu todos os campos que vejo,
Faze da montanha um bloco só do teu corpo,
Apaga-lhe todas as diferenças que de longe vejo,
Todas as estradas que a sobem,
Todas as várias árvores que a fazem verde-escuro ao longe.
Todas as casas brancas e com fumo entre as árvores,
E deixa só uma luz e outra luz e mais outra,
Na distância imprecisa e vagamente perturbadora,
Na distância subitamente impossível de percorrer.

Nossa Senhora
Das coisas impossíveis que procuramos em vão,
Dos sonhos que vêm ter conosco ao crepúsculo, à janela,
Dos propósitos que nos acariciam
Nos grandes terraços dos hotéis cosmopolitas
Ao som europeu das músicas e das vozes longe e perto,
E que doem por sabermos que nunca os realizaremos...
Vem, e embala-nos,
Vem e afaga-nos,
Beija-nos silenciosamente na fronte,
Tão levemente na fronte que não saibamos que nos beijam

Senão por uma diferença na alma.
E um vago soluço partindo melodiosamente
Do antiquíssimo de nós
Onde têm raiz todas essas árvores de maravilha
Cujos frutos são os sonhos que afagamos e amamos
Porque os sabemos fora de relação com o que há na vida.

Vem soleníssima,
Soleníssima e cheia
De uma oculta vontade de soluçar,
Talvez porque a alma é grande e a vida pequena,
E todos os gestos não saem do nosso corpo
E só alcançamos onde o nosso braço chega,
E só vemos até onde chega o nosso olhar.

Vem, dolorosa,
Mater-Dolorosa das Angústias dos Tímidos,
Turris-Ebúrnea das Tristezas dos Desprezados,
Mão fresca sobre a testa em febre dos humildes,
Sabor de água sobre os lábios secos dos Cansados.
Vem, lá do fundo
Do horizonte lívido,
Vem e arranca-me
Do solo de angústia e de inutilidade
Onde vicejo.
Apanha-me do meu solo, malmequer esquecido,
Folha a folha lê em mim não sei que sina
E desfolha-me para teu agrado,
Para teu agrado silencioso e fresco.
Uma folha de mim lança para o Norte,
Onde estão as cidades de Hoje que eu tanto amei;
Outra folha de mim lança para o Sul,
Onde estão os mares que os Navegadores abriram;
Outra folha minha atira ao Ocidente,
Onde arde ao rubro tudo o que talvez seja o Futuro,
Que eu sem conhecer adoro;
E a outra, as outras, o resto de mim
Atira ao Oriente,

Ao Oriente donde vem tudo, o dia e a fé,
Ao Oriente pomposo e fanático e quente,
Ao Oriente excessivo que eu nunca verei,
Ao Oriente budista, bramânico, sintoísta,
Ao Oriente que é tudo o que nós não temos,
Que é tudo o que nós não somos,
Ao Oriente onde – quem sabe? – Cristo talvez ainda hoje viva,
Onde Deus talvez exista realmente e mandando tudo...

Vem sobre os mares,
Sobre os mares maiores,
Sobre os mares sem horizontes precisos,
Vem e passa a mão pelo dorso da fera,
E acalma-o misteriosamente,
Ó domadora hipnótica das coisas que se agitam muito!

Vem, cuidadosa,
Vem, maternal,
Pé ante pé enfermeira antiquíssima, que te sentaste
À cabeceira dos deuses das fés já perdidas,
E que viste nascer Jeová e Júpiter,
E sorriste porque tudo te é falso é inútil.

Vem, Noite silenciosa e extática,
Vem envolver na noite manto branco
O meu coração...
Serenamente como uma brisa na tarde leve,
Tranquilamente como um gesto materno afagando.
Com as estrelas luzindo nas tuas mãos
E a lua máscara misteriosa sobre a tua face.
Todos os sons soam de outra maneira
Quando tu vens.
Quando tu entras baixam todas as vozes,
Ninguém te vê entrar,
Ninguém sabe quando entraste,
Senão de repente, vendo que tudo se recolhe,
Que tudo perde as arestas e as cores,
E que no alto céu ainda claramente azul
Já crescente nítido, ou círculo branco, ou mera luz nova que vem,

A lua começa a ser real.

II

Ah o crepúsculo, o cair da noite, o acender das luzes nas grandes cidades,
E a mão de mistério que abafa o bulício,
E o cansaço de tudo em nós que nos corrompe
Para uma sensação exata e precisa e ativa da Vida!
Cada rua é um canal de uma Veneza de tédios
E que misterioso o fundo unânime das ruas,
Das ruas ao cair da noite, ó Cesário Verde, ó Mestre,
Ó do "Sentimento de um Ocidental"!

Que inquietação profunda, que desejo de outras coisas,
Que nem são países, nem momentos, nem vidas,
Que desejo talvez de outros modos de estados de alma
Umedece interiormente o instante lento e longínquo!

Um horror sonâmbulo entre luzes que se acendem,
Um pavor temo e líquido, encostado às esquinas
Como um mendigo de sensações impossíveis
Que não sabe quem lhas possa dar...

Quando eu morrer,
Quando me for, ignobilmente, como toda a gente,
Por aquele caminho cuja ideia se não pode encarar de frente,
Por aquela porta a que, se pudéssemos assomar, não assomaríamos
Para aquele porto que o capitão do Navio não conhece,
Seja por esta hora condigna dos tédios que tive,
Por esta hora mística e espiritual e antiquíssima,
Por esta hora em que talvez, há muito mais tempo do que parece,
Platão sonhando viu a ideia de Deus
Esculpir corpo e existência nitidamente plausível.
Dentro do seu pensamento exteriorizado como um campo.

Seja por esta hora que me leveis a enterrar,
Por esta hora que eu não sei como viver,
Em que não sei que sensações ter ou fingir que tenho,
Por esta hora cuja misericórdia é torturada e excessiva,
Cujas sombras vêm de qualquer outra coisa que não as coisas,

Cuja passagem não roça vestes no chão da Vida Sensível
Nem deixa perfume nos caminhos do Olhar.
Cruza as mãos sobre o joelho, ó companheira que eu não tenho nem quero ter,
Cruza as mãos sobre o joelho e olha-me em silêncio
A esta hora em que eu não posso ver que tu me olhas,
Olha-me em silêncio e em segredo e pergunta a ti própria
– Tu que me conheces – quem eu sou...

36.

Domingo irei para as hortas na pessoa dos outros,
Contente da minha anonimidade.
Domingo serei feliz – eles, eles...
Domingo...
Hoje é quinta-feira da semana que não tem domingo...
Nenhum domingo...
Nunca domingo...
Mas sempre haverá alguém nas hortas no domingo que vem.
Assim passa a vida,
Sutil para quem sente,
Mais ou menos para quem pensa:
Haverá sempre alguém nas hortas ao domingo,
Não no nosso domingo,
Não no meu domingo,
Não no domingo...
Mas sempre haverá outrem nas hortas e ao domingo...

37.

Encostei-me para trás na cadeira de convés e fechei os olhos,
E o meu destino apareceu-me na alma como um precipício.
A minha vida passada misturou-me com a futura,
E houve no meio um ruído do salão de fumo,
Onde, aos meus ouvidos, acabara a partida de xadrez.

Ah, balouçado
Na sensação das ondas,
Ah, embalado

Na ideia tão confortável de hoje ainda não ser amanhã,
De pelo menos neste momento não ter responsabilidades nenhumas,
De não ter personalidade propriamente, mas sentir-me ali,
Em cima da cadeira como um livro que a sueca ali deixasse.

Ah, afundado
Num torpor da imaginação, sem dúvida um pouco sono,
Irrequieto tão sossegadamente,
Tão análogo de repente à criança que fui outrora
Quando brincava na quinta e não sabia álgebra,
Nem as outras álgebras com x e y's de sentimento.

Ah, todo eu anseio
Por esse momento sem importância nenhuma
Na minha vida,
Ah, todo eu anseio por esse momento, como por outros análogos –
Aqueles momentos em que não tive importância nenhuma,
Aqueles em que compreendi todo o vácuo da existência sem inteligência para o compreender
E havia luar e mar e a solidão, ó Álvaro.

38.

E o esplendor dos mapas, caminho abstrato para a imaginação concreta,
Letras e riscos irregulares abrindo para a maravilha.

O que de sonho jaz nas encadernações vetustas,
Nas assinaturas complicadas (ou tão simples e esguias) dos velhos livros.
(Tinta remota e desbotada aqui presente para além da morte,
Ó enigma visível do tempo, o nada vivo em que estamos!)
O que de negado à nossa vida quotidiana vem nas ilustrações,
O que certas gravuras de anúncios sem querer anunciam.

Tudo quanto sugere, ou exprime o que não exprime,
Tudo o que diz o que não diz,
E a alma sonha, diferente e distraída.

39. ESCRITO NUM LIVRO ABANDONADO EM VIAGEM

Venho dos lados de Beja.
Vou para o meio de Lisboa.
Não trago nada e não acharei nada.
Tenho o cansaço antecipado do que não acharei,
E a saudade que sinto não é nem no passado nem no futuro.
Deixo escrita neste livro a imagem do meu desígnio morto:
Fui, como ervas, e não me arrancaram.

40.

Esta velha angústia,
Esta angústia que trago há séculos em mim,
Transbordou da vasilha,
Em lágrimas, em grandes imaginações,
Em sonhos em estilo de pesadelo sem terror,
Em grandes emoções súbitas sem sentido nenhum.

Transbordou.
Mal sei como conduzir-me na vida
Com este mal-estar a fazer-me pregas na alma!
Se ao menos endoidecesse deveras!
Mas não: é este estar-entre,
Este quase,
Este poder ser que...,
Isto.

Um internado num manicômio é, ao menos, alguém.
Eu sou um internado num manicômio sem manicômio.
Estou doido a frio,
Estou lúcido e louco,
Estou alheio a tudo e igual a todos:
Estou dormindo desperto com sonhos que são loucura
Porque não são sonhos.
Estou assim...

Pobre velha casa da minha infância perdida!
Quem te diria que eu me desacolhesse tanto!
Que é do teu menino? Está maluco.
Que é de quem dormia sossegado sob o teu teto provinciano?
Está maluco.
Quem de quem fui? Está maluco. Hoje é quem eu sou.

Se ao menos eu tivesse uma religião qualquer!
Por exemplo, a por aquele manipanso
Que havia em casa, lá nessa, trazido de África.
Era feiíssimo, era grotesco,
Mas havia nele a divindade de tudo em que se crê.
Se eu pudesse crer num manipanso qualquer –
Júpiter, Jeová, a Humanidade –
Qualquer serviria,
Pois o que é tudo senão o que pensamos de tudo?

Estala, coração de vidro pintado!

41.

Estou cansado, é claro,
Porque, a certa altura, a gente tem que estar cansado.
De que estou cansado não sei.
De nada me serviria sabê-lo
Pois o cansaço ficaria na mesma,
A ferida dói como dói
E não em função da causa que a produziu.
Sim, estou cansado,
E um pouco sorridente De o cansaço ser só isto –
Uma vontade de sono no corpo,
Um desejo de não pensar na alma,
E por cima de tudo uma tranquilidade lúcida
Do entendimento retrospectivo...

E a luxúria única de não ter já esperanças?

Sou inteligente: eis tudo.

Tenho visto muito e entendido muito o que tenho visto,
E há um certo prazer até no cansaço que isto nos dá,
Que afinal a cabeça sempre serve para qualquer coisa.

42.

Estou tonto,
Tonto de tanto dormir ou de tanto pensar,
Ou de ambas as coisas.
O que sei é que estou tonto
E não sei bem se me devo levantar da cadeira
Ou como me levantaria dela.
Fiquemos nisto: estou tonto.

Afinal
Que vida fiz eu da vida?
Nada.
Tudo interstícios,
Tudo aproximações,
Tudo função do irregular e do absurdo,
Tudo nada...
É por isso que estou tonto...
Agora
Todas as manhãs me levanto
Tonto...
Sim, verdadeiramente tonto...
Sem saber em mim o meu nome,
Sem saber onde estou,
Sem saber o que fui,
Sem saber nada.

Mas se isto é assim, é assim.
Deixo-me estar na cadeira.
Estou tonto.
Bem, estou tonto.
Fico sentado
E tonto,

Sim, tonto,
Tonto...
Tonto...

43.

Eu, eu mesmo...
Eu, cheio de todos os cansaços
Quantos o mundo pode dar...
Eu...

Afinal tudo, porque tudo é eu,
E até as estrelas, ao que parece,
Me saíram da algibeira para deslumbrar crianças...
Que crianças não sei...
Eu...

Imperfeito? Incógnito? Divino?
Não sei.
Eu...

Tive um passado? Sem dúvida...
Tenho um presente? Sem dúvida...
Terei um futuro? Sem dúvida,
Ainda que pare de aqui a pouco...
Mas eu, eu...
Eu sou eu,
Eu fico eu,
Eu...

44.

Faróis distantes,
De luz subitamente tão acesa,
De noite e ausência tão rapidamente volvida,
Na noite, no convés, que consequências aflitas!

Mágoa última dos despedidos,
Ficção de pensar...

Faróis distantes...
Incerteza da vida...
Voltou crescendo a luz acesa avançadamente,
No acaso do olhar perdido...

Faróis distantes...
A vida de nada serve...
Pensar na vida de nada serve...
Pensar de pensar na vida de nada serve...

Vamos para longe e a luz que vem grande vem menos grande,
Faróis distantes...

45. GAZETILHA

Dos Lloyd Georges da Babilônia
Não reza a história nada.
Dos Briands da Assíria ou do Egito,
Dos Trotskys de qualquer colônia
Grega ou romana já passada,
O nome é morto, inda que escrito.

Só o parvo dum poeta, ou um louco
Que fazia filosofia,
Ou um geômetra maduro,
Sobrevive a esse tanto pouco
Que está lá para trás no escuro
E nem a história já historia.

Ó grandes homens do Momento!
Ó grandes glórias a ferver
De quem a obscuridade foge!
Aproveitem sem pensamento!
Tratem da fama e do comer,
Que amanhã é dos loucos de hoje!

46.

Gostava de gostar de gostar.
Um momento... Dá-me de ali um cigarro,
Do maço em cima da mesa-de-cabeceira.
Continua... Dizias
Que no desenvolvimento da metafísica
De Kant a Hegel
Alguma coisa se perdeu.
Concordo em absoluto.
Estive realmente a ouvir.
Nondum amabam et amare amabam (Santo Agostinho).
Que coisa curiosa estas associações de ideias!
Estou fatigado de estar pensando em sentir outra coisa.
Obrigado. Deixa-me acender. Continua. Hegel...

47.

Grandes são os desertos, e tudo é deserto.
Não são algumas toneladas de pedras ou tijolos ao alto
Que disfarçam o solo, o tal solo que é tudo.
Grandes são os desertos e as almas desertas e grandes –
Desertas porque não passa por elas senão elas mesmas,
Grandes porque de ali se vê tudo, e tudo morreu.

Grandes são os desertos, minha alma!
Grandes são os desertos.

Não tirei bilhete para a vida,
Errei a porta do sentimento,
Não houve vontade ou ocasião que eu não perdesse.
Hoje não me resta, em vésperas de viagem,
Com a mala aberta esperando a arrumação adiada,
Sentado na cadeira em companhia com as camisas que não cabem,
Hoje não me resta (à parte o incômodo de estar assim sentado)
Senão saber isto:
Grandes são os desertos, e tudo é deserto.
Grande é a vida, e não vale a pena haver vida.

Arrumo melhor a mala com os olhos de pensarem arrumar
Que com arrumação das mãos factícias (e creio que digo bem)
Acendo o cigarro para adiar a viagem,
Para adiar todas as viagens.
Para adiar o universo inteiro.

Volta amanhã, realidade!
Basta por hoje, gentes!
Adia-te, presente absoluto!
Mais vale não ser que ser assim.

Comprem chocolates à criança a quem sucedi por erro,
E tirem a tabuleta porque amanhã é infinito.
Mas tenho que arrumar a mala,
Tenho por força que arrumar a mala,
A mala.
Não posso levar as camisas na hipótese e a mala na razão.
Sim, toda a vida tenho tido que arrumar a mala.
Mas também, toda a vida, tenho ficado sentado sobre o canto das camisas
[empilhadas,
A ruminar, como um boi que não chegou a Ápis, destino.

Tenho que arrumar a mala de ser.
Tenho que existir a arrumar malas.
A cinza do cigarro cai sobre a camisa de cima do monte.
Olho para o lado, verifico que estou a dormir.
Sei só que tenho que arrumar a mala,
E que os desertos são grandes e tudo é deserto,
E qualquer parábola a respeito disto, mas dessa é que já me esqueci.

Ergo-me de repente todos os Césares.
Vou definitivamente arrumar a mala.
Arre, hei de arrumá-la e fechá-la;
Hei de vê-la levar de aqui,
Hei de existir independentemente dela.

Grandes são os desertos e tudo é deserto,
Salvo erro, naturalmente.

Pobre da alma humana com oásis só no deserto ao lado!

Mais vale arrumar a mala.
Fim.

48.

Há mais de meia hora
Que estou sentado à secretária
Com o único intuito
De olhar para ela.

(Estes versos estão fora do meu ritmo.
Eu também estou fora do meu ritmo.)

Tinteiro (grande) à frente.
Canetas com aparos menos à frente.
Mais para cá papel muito limpo.
Ao lado esquerdo um volume da Enciclopédia Britânica,
Ao lado direito –
Ah, ao lado direito! –
A faca de papel com que ontem
Não tive paciência para abrir completamente
O livro que me interessa e não lerei.

Quem pudesse hipnotizar tudo isto!

49. INSÔNIA

Não durmo, nem espero dormir.
Nem na morte espero dormir.

Espera-me uma insônia da largura dos astros,
E um bocejo inútil do comprimento do mundo.

Não durmo; não posso ler quando acordo de noite,
Não posso escrever quando acordo de noite,

Não posso pensar quando acordo de noite –
Meu Deus, nem posso sonhar quando acordo de noite!

Ah, o ópio de ser outra pessoa qualquer!

Não durmo, jazo, cadáver acordado, sentindo,
E o meu sentimento é um pensamento vazio.
Passam por mim, transtornadas, coisas que me sucederam
– Todas aquelas de que me arrependo e me culpo –
Passam por mim, transtornadas, coisas que me não sucederam
– Todas aquelas de que me arrependo e me culpo –
Passam por mim, transtornadas, coisas que não são nada,
E até dessas me arrependo, me culpo, e não durmo.

Não tenho força para ter energia para acender um cigarro.
Fito a parede fronteira do quarto como se fosse o universo.
Lá fora há o silêncio dessa coisa toda.
Um grande silêncio apavorante noutra ocasião qualquer,
Noutra ocasião qualquer em que eu pudesse sentir.

Estou escrevendo versos realmente simpáticos –
Versos a dizer que não tenho nada que dizer,
Versos a teimar em dizer isso,
Versos, versos, versos, versos, versos...
Tantos versos...
E a verdade toda, e a vida toda fora deles e de mim!

Tenho sono, não durmo, sinto e não sei em que sentir.
Sou uma sensação sem pessoa correspondente,
Uma abstração de autoconsciência sem de quê,
Salvo o necessário para sentir consciência,
Salvo – sei lá salvo o quê...

Não durmo. Não durmo. Não durmo.
Que grande sono em toda a cabeça e em cima dos olhos e na alma!
Que grande sono em tudo exceto no poder dormir!

Ó madrugada, tardas tanto... Vem...
Vem, inutilmente,

Trazer-me outro dia igual a este, a ser seguido por outra noite igual a esta...
Vem trazer-me a alegria dessa esperança triste,
Porque sempre és alegre, e sempre trazes esperança,
Segundo a velha literatura das sensações.
Vem, traz a esperança, vem, traz a esperança.
O meu cansaço entra pelo colchão dentro.
Doem-me as costas de não estar deitado de lado.
Se estivesse deitado de lado doíam-me as costas de estar deitado de lado.
Vem, madrugada, chega!

Que horas são? Não sei.
Não tenho energia para estender uma mão para o relógio,
Não tenho energia para nada, nem para mais nada...
Só para estes versos, escritos no dia seguinte.
Sim, escritos no dia seguinte.
Todos os versos são sempre escritos no dia seguinte.

Noite absoluta, sossego absoluto, lá fora.
Paz em toda a Natureza.
A humanidade repousa e esquece as suas amarguras.
Exatamente.
A humanidade esquece as suas alegrias e amarguras.
Costuma dizer-se isto.
A humanidade esquece, sim, a humanidade esquece,
Mas mesmo acordada a humanidade esquece.
Exatamente. Mas não durmo.

50. LÀ-BAS, JE NE SAIS OÙ...

Véspera de viagem, campainha...
Não me sobreavisem estridentemente!

Quero gozar o repouso da gare da alma que tenho
Antes de ver avançar para mim a chegada de ferro
Do comboio definitivo,
Antes de sentir a partida verdadeira nas goelas do estômago,
Antes de pôr no estribo um pé

Que nunca aprendeu a não ter emoção sempre que teve que partir.
Quero, neste momento, fumando no apeadeiro de hoje,
Estar ainda um bocado agarrado à velha vida.
Vida inútil, que era melhor deixar, que é uma cela?
Que importa? Todo o universo é uma cela, e o estar preso não tem que ver com o tamanho da cela.
Sabe-me a náusea próxima o cigarro. O comboio já partiu da outra estação...
Adeus, adeus, adeus, toda a gente que não veio despedir-se de mim,
Minha família abstracta e impossível...
Adeus dia de hoje, adeus apeadeiro de hoje, adeus vida, adeus vida!
Ficar como um volume rotulado esquecido,
Ao canto do resguardo de passageiros do outro lado da linha.
Ser encontrado pelo guarda casual depois da partida –
"E esta? Então não houve um tipo que deixou isto aqui?" –

Ficar só a pensar em partir,
Ficar e ter razão,
Ficar e morrer menos...

Vou para o futuro como para um exame difícil.
Se o comboio nunca chegasse e Deus tivesse pena de mim?

Já me vejo na estação até aqui simples metáfora.
Sou uma pessoa perfeitamente apresentável.
Vê-se – dizem – que tenho vivido no estrangeiro.
Os meus modos são de homem educado, evidentemente.
Pego na mala, rejeitando o moço, como a um vício vil.
E a mão com que pego na mala treme-me e a ela.

Partir!
Nunca voltarei,
Nunca voltarei porque nunca se volta.
O lugar a que se volta é sempre outro,
A gare a que se volta é outra.
Já não está a mesma gente, nem a mesma luz, nem a mesma filosofia.

Partir! Meu Deus, partir! Tenho medo de partir!...

51.

Lisboa com suas casas
De várias cores,
Lisboa com suas casas
De várias cores,
Lisboa com suas casas
De várias cores...
À força de diferente, isto é monótono.
Como à força de sentir, fico só a pensar.

Se, de noite, deitado mas desperto,
Na lucidez inútil de não poder dormir,
Quero imaginar qualquer coisa
E surge sempre outra (porque há sono,
E, porque há sono, um bocado de sonho),
Quero alongar a vista com que imagino
Por grandes palmares fantásticos,
Mas não vejo mais,
Contra uma espécie de lado de dentro de pálpebras,
Que Lisboa com suas casas
De várias cores.

Sorrio, porque, aqui, deitado, é outra coisa.
À força de monótono, é diferente.
E, à força de ser eu, durmo e esqueço que existo.

Fica só, sem mim, que esqueci porque durmo,
Lisboa com suas casas
De várias cores.

52. LISBON REVISITED (1923)

Não: não quero nada.
Já disse que não quero nada.

Não me venham com conclusões!
A única conclusão é morrer.

Não me tragam estéticas!
Não me falem em moral!
Tirem-me daqui a metafísica!
Não me apregoem sistemas completos, não me enfileirem conquistas
Das ciências (das ciências, Deus meu, das ciências!)
Das ciências, das artes, da civilização moderna!

Que mal fiz eu aos deuses todos?

Se têm a verdade, guardem-a!

Sou um técnico, mas tenho técnica só dentro da técnica.
Fora disso sou doido, com todo o direito de sê-lo.
Com todo o direito a sê-lo, ouviram?

Não me macem, por amor de Deus!

Queriam-me casado, fútil, quotidiano e tributável?
Queriam-me o contrário disto, o contrário de qualquer coisa?
Se eu fosse outra pessoa, fazia-lhes, a todos, a vontade.
Assim, como sou, tenham paciência!
Vão para o diabo sem mim,
Ou deixem-me ir sozinho para o diabo!
Para que havemos de ir juntos?

Não me peguem no braço!
Não gosto que me peguem no braço. Quero ser sozinho.
Já disse que sou sozinho!
Ah, que maçada quererem que eu seja da companhia!

Ó céu azul – o mesmo da minha infância –
Eterna verdade vazia e perfeita!
Ó macio Tejo ancestral e mudo,
Pequena verdade onde o céu se reflete!
Ó mágoa revisitada, Lisboa de outrora de hoje!
Nada me dais, nada me tirais, nada sois que eu me sinta.

Deixem-me em paz! Não tardo, que eu nunca tardo...
E enquanto tarda o Abismo e o Silêncio quero estar sozinho!

53. LISBON REVISITED (1926)

Nada me prende a nada.
Quero cinquenta coisas ao mesmo tempo.
Anseio com uma angústia de fome de carne
O que não sei que seja –
Definidamente pelo indefinido...
Durmo irrequieto, e vivo num sonhar irrequieto
De quem dorme irrequieto, metade a sonhar.

Fecharam-me todas as portas abstratas e necessárias.
Correram cortinas de todas as hipóteses que eu poderia ver na rua.
Não há na travessa achada o número da porta que me deram,

Acordei para a mesma vida para que tinha adormecido.
Até os meus exércitos sonhados sofreram derrota.
Até os meus sonhos se sentiram falsos ao serem sonhados.
Até a vida só desejada me farta – até essa vida...

Compreendo a intervalos desconexos;
Escrevo por lapsos de cansaço;
E um tédio que é até do tédio arroja-me à praia.

Não sei que destino ou futuro compete à minha angústia sem leme;
Não sei que ilhas do Sul impossível aguardam-me náufrago;
Ou que palmares de literatura me darão ao menos um verso.

Não, não sei isto, nem outra coisa, nem coisa nenhuma...
E, no fundo do meu espírito, onde sonho o que sonhei,
Nos campos últimos da alma, onde memoro sem causa
(E o passado é uma névoa natural de lágrimas falsas),
Nas estradas e atalhos das florestas longínquas
Onde supus o meu ser,
Fogem desmantelados, últimos restos
Da ilusão final,
Os meus exércitos sonhados, derrotados sem ter sido,
As minhas coortes por existir, esfaceladas em Deus.

Outra vez te revejo,
Cidade da minha infância pavorosamente perdida...
Cidade triste e alegre, outra vez sonho aqui...
Eu? Mas sou eu o mesmo que aqui vivi, e aqui voltei,
E aqui tornei a voltar, e a voltar.
E aqui de novo tornei a voltar?
Ou somos todos os Eu que estive aqui ou estiveram,
Uma série de contas-entes ligadas por um fio-memória,
Uma série de sonhos de mim de alguém de fora de mim?

Outra vez te revejo,
Com o coração mais longínquo, a alma menos minha.

Outra vez te revejo – Lisboa e Tejo e tudo –,
Transeunte inútil de ti e de mim,
Estrangeiro aqui como em toda a parte,
Casual na vida como na alma,
Fantasma a errar em salas de recordações,
Ao ruído dos ratos e das tábuas que rangem
No castelo maldito de ter que viver...

Outra vez te revejo,
Sombra que passa através das sombras, e brilha
Um momento a uma luz fúnebre desconhecida,
E entra na noite como um rastro de barco se perde
Na água que deixa de se ouvir...

Outra vez te revejo,
Mas, ai, a mim não me revejo!
Partiu-se o espelho mágico em que me revia idêntico,
E em cada fragmento fatídico vejo só um bocado de mim –
Um bocado de ti e de mim!...

54. MAGNIFICAT

Quando é que passará esta noite interna, o universo,
E eu, a minha alma, terei o meu dia?
Quando é que despertarei de estar acordado?

Não sei. O sol brilha alto,
Impossível de fitar.
As estrelas pestanejam frio,
Impossíveis de contar.
O coração pulsa alheio,
Impossível de escutar.
Quando é que passará este drama sem teatro,
Ou este teatro sem drama,
E recolherei a casa?
Onde? Como? Quando?
Gato que me fitas com olhos de vida,
Que tens lá no fundo?
É Esse! É esse!
Esse mandará como Josué parar o sol e eu acordarei;
E então será dia.
Sorri, dormindo, minha alma!
Sorri, minha alma: será dia!

55. MARINETTI, ACADÊMICO

Lá chegam todos, lá chegam todos...
Qualquer dia, salvo venda, chego eu também...
Se nascem, afinal, todos para isso...

Não tenho remédio senão morrer antes,
Não tenho remédio senão escalar o Grande Muro...
Se fico cá, prendem-me para ser social...

Lá chegam todos, porque nasceram para Isso,
E só se chega ao Isso para que se nasceu...

Lá chegam todos...
Marinetti, acadêmico...

As Musas vingaram-se com focos elétricos, meu velho,
Puseram-te por fim na ribalta da cave velha,
E a tua dinâmica, sempre um bocado italiana, f-f-f-f-f-f-f-f......

56.

Mas eu, em cuja alma se refletem
As forças todas do universo,
Em cuja reflexão emotiva e sacudida
Minuto a minuto, emoção a emoção,
Coisas antagônicas e absurdas se sucedem –
Eu o foco inútil de todas as realidades,
Eu o fantasma nascido de todas as sensações,
Eu o abstrato, eu o projetado no écran,
Eu a mulher legítima e triste do Conjunto,
Eu sofro ser eu através disto tudo como ter sede sem ser de água.

57.

Mestre, meu mestre querido!
Coração do meu corpo intelectual e inteiro!
Vida da origem da minha inspiração!
Mestre, que é feito de ti nesta forma de vida?

Não cuidaste se morrerias, se viverias, nem de ti nem de nada,
Alma abstrata e visual até aos ossos,
Atenção maravilhosa ao mundo exterior sempre múltiplo,
Refúgio das saudades de todos os deuses antigos,
Espírito humano da terra materna,
Flor acima do dilúvio da inteligência subjetiva...

Mestre, meu mestre!
Na angústia sensacionista de todos os dias sentidos,
Na mágoa quotidiana das matemáticas de ser,
Eu, escravo de tudo como um pó de todos os ventos,
Ergo as mãos para ti, que estás longe, tão longe de mim!

Meu mestre e meu guia!
A quem nenhuma coisa feriu, nem doeu, nem perturbou,
Seguro como um sol fazendo o seu dia involuntariamente,
Natural como um dia mostrando tudo,

Meu mestre, meu coração não aprendeu a tua serenidade.
Meu coração não aprendeu nada. Meu coração não é nada,
Meu coração está perdido.

Mestre, só seria como tu se tivesse sido tu.
Que triste a grande hora alegre em que primeiro te ouvi!
Depois tudo é cansaço neste mundo subjetivado,
Tudo é esforço neste mundo onde se querem coisas,
Tudo é mentira neste mundo onde se pensam coisas,
Tudo é outra coisa neste mundo onde tudo se sente.
Depois, tenho sido como um mendigo deixado ao relento
Pela indiferença de toda a vila.
Depois, tenho sido como as ervas arrancadas,
Deixadas aos molhos em alinhamentos sem sentido.
Depois, tenho sido eu, sim eu, por minha desgraça,
E eu, por minha desgraça, não sou eu nem outro nem ninguém.
Depois, mas por que é que ensinaste a clareza da vista,
Se não me podias ensinar a ter a alma com que a ver clara?
Por que é que me chamaste para o alto dos montes
Se eu, criança das cidades do vale, não sabia respirar?
Por que é que me deste a tua alma se eu não sabia que fazer dela
Como quem está carregado de ouro num deserto,
Ou canta com voz divina entre ruínas?
Por que é que me acordaste para a sensação e a nova alma,
Se eu não saberei sentir, se a minha alma é de sempre a minha?

Prouvera ao Deus ignoto que eu ficasse sempre aquele
Poeta decadente, estupidamente pretensioso,
Que poderia ao menos vir a agradar,
E não surgisse em mim a pavorosa ciência de ver.
Para que me tornaste eu? Deixasses-me ser humano!

Feliz o homem marçano
Que tem a sua tarefa quotidiana normal, tão leve ainda que pesada,
Que tem a sua vida usual,
Para quem o prazer é prazer e o recreio é recreio,
Que dorme sono,
Que come comida,
Que bebe bebida, e por isso tem alegria.

A calma que tinhas, deste-ma, e foi-me inquietação.
Libertaste-me, mas o destino humano é ser escravo.
Acordaste-me, mas o sentido de ser humano é dormir.

58.

Na casa defronte de mim e dos meus sonhos,
Que felicidade há sempre!

Moram ali pessoas que desconheço, que já vi mas não vi.
São felizes, porque não sou eu.

As crianças, que brincam às sacadas altas,
Vivem entre vasos de flores,
Sem dúvida, eternamente.

As vozes, que sobem do interior do doméstico,
Cantam sempre, sem dúvida.
Sim, devem cantar.

Quando há festa cá fora, há festa lá dentro.
Assim tem que ser onde tudo se ajusta –
O homem à Natureza, porque a cidade é Natureza.

Que grande felicidade não ser eu!

Mas os outros não sentirão assim também?
Quais outros? Não há outros.
O que os outros sentem é uma casa com a janela fechada,
Ou, quando se abre,
É para as crianças brincarem na varanda de grades,
Entre os vasos de flores que nunca vi quais eram.

Os outros nunca sentem.
Quem sente somos nós,
Sim, todos nós,
Até eu, que neste momento já não estou sentindo nada.

Nada! Não sei...
Um nada que dói...

59.

Na noite terrível, substância natural de todas as noites,
Na noite de insônia, substância natural de todas as minhas noites,
Relembro, velando em modorra incômoda,
Relembro o que fiz e o que podia ter feito na vida.
Relembro, e uma angústia
Espalha-se por mim todo como um frio do corpo ou um medo.
O irreparável do meu passado – esse é que é o cadáver!
Todos os outros cadáveres pode ser que sejam ilusão.
Todos os mortos pode ser que sejam vivos noutra parte.
Todos os meus próprios momentos passados pode ser que existam algures,
Na ilusão do espaço e do tempo,
Na falsidade do decorrer.

Mas o que eu não fui, o que eu não fiz, o que nem sequer sonhei;
O que só agora vejo que deveria ter feito,
O que só agora claramente vejo que deveria ter sido –
Isso é que é morto para além de todos os Deuses,
Isso – e foi afinal o melhor de mim – é que nem os Deuses fazem viver...

Se em certa altura
Tivesse voltado para a esquerda em vez de para a direita;
Se em certo momento
Tivesse dito sim em vez de não, ou não em vez de sim;
Se em certa conversa
Tivesse rido as frases que só agora, no meio-sono, elaboro –
Se tudo isso tivesse sido assim,
Seria outro hoje, e talvez o universo inteiro
Seria insensivelmente levado a ser outro também.

Mas não virei para o lado irreparavelmente perdido,
Não virei nem pensei em virar, e só agora o percebo;
Mas não disse não ou não disse sim, e só agora vejo o que não disse;

Mas as frases que faltou dizer nesse momento surgem-me todas,
Claras, inevitáveis, naturais,
A conversa fechada concludentemente,
A matéria toda resolvida...
Mas só agora o que nunca foi, nem será para trás, me dói.

O que falhei deveras não tem esperança nenhuma,
Em sistema metafísico nenhum.
Pode ser que para outro mundo eu possa levar o que sonhei,
Mas poderei eu levar para outro mundo o que me esqueci de sonhar?
Esses sim, os sonhos por haver, é que são o cadáver.
Enterro-o no meu coração para sempre, para todo o tempo, para todos os universos,
Nesta noite em que não durmo, e o sossego me cerca
Como uma verdade de que não partilho,
E lá fora o luar, como a esperança que não tenho, é invisível pra mim.

60.

Não: devagar.
Devagar, porque não sei
Onde quero ir.
Há entre mim e os meus passos
Uma divergência instintiva.

Há entre quem sou e estou
Uma diferença de verbo
Que corresponde à realidade.

Devagar...
Sim, devagar...
Quero pensar no que quer dizer
Este devagar...

Talvez o mundo exterior tenha pressa demais.
Talvez a alma vulgar queira chegar mais cedo.
Talvez a impressão dos momentos seja muito próxima...
Talvez isso tudo...

Mas o que me preocupa é esta palavra: devagar...
O que é que tem que ser devagar?
Se calhar é o universo...
A verdade manda Deus que se diga.
Mas ouviu alguém isso a Deus?

61.

Não estou pensando em nada
E essa coisa central, que é coisa nenhuma,
É-me agradável como o ar da noite,
Fresco em contraste com o verão quente do dia.

Não estou pensando em nada, e que bom!

Pensar em nada
É ter a alma própria e inteira.
Pensar em nada
É viver intimamente
O fluxo e o refluxo da vida...

Não estou pensando em nada.
Só, como se me tivesse encostado mal.
Uma dor nas costas, ou num lado das costas,
Há um amargo de boca na minha alma:
É que, no fim de contas,
Não estou pensando em nada,
Mas realmente em nada,
Em nada...

62.

Não, não é cansaço...
É uma quantidade de desilusão
Que se me entranha na espécie de pensar,
É um domingo às avessas
Do sentimento,
Um feriado passado no abismo...

Não, cansaço não é...
É eu estar existindo
E também o mundo,
Com tudo aquilo que contém,
Como tudo aquilo que nele se desdobra
E afinal é a mesma coisa variada em cópias iguais.

Não. Cansaço por quê?
É uma sensação abstrata
Da vida concreta – Qualquer coisa como um grito
Por dar,
Qualquer coisa como uma angústia
Por sofrer,
Ou por sofrer completamente,
Ou por sofrer como...
Sim, ou por sofrer como...
Isso mesmo, como...

Como quê?...
Se soubesse, não haveria em mim este falso cansaço.

(Ai, cegos que cantam na rua,
Que formidável realejo
Que é a guitarra de um, e a viola do outro, e a voz dela!)

Porque ouço, vejo.
Confesso: é cansaço!...

63.

Nas praças vindouras – talvez as mesmas que as nossas –
Que elixires serão apregoados?
Com rótulos diferentes, os mesmos do Egito dos Faraós;
Com outros processos de os fazer comprar, os que já são nossos.

E as metafísicas perdidas nos cantos dos cafés de toda a parte,
As filosofias solitárias de tanta trapeira de falhado,

As ideias casuais de tanto casual, as intuições de tanto ninguém –
Um dia talvez, em fluido abstrato, e substância implausível,
Formem um Deus, e ocupem o mundo.
Mas a mim, hoje, a mim
Não há sossego de pensar nas propriedades das coisas,
Nos destinos que não desvendo,
Na minha própria metafísica, que tenho porque penso e sinto
Não há sossego,
E os grandes montes ao sol têm-no tão nitidamente!

Têm-no? Os montes ao sol não têm coisa nenhuma do espírito.
Não seriam montes, não estariam ao sol, se o tivessem.

O cansaço de pensar, indo, até ao fundo de existir,
Faz-me velho desde antes de ontem com um frio até no corpo.

O que é feito dos propósitos perdidos, e dos sonhos impossíveis?
E por que é que há propósitos mortos e sonhos sem razão?
Nos dias de chuva lenta, contínua, monótona, uma,
Custa-me levantar-me da cadeira onde não dei por me ter sentado,
E o universo é absolutamente oco em torno de mim.

O tédio que chega a constituir nossos ossos encharcou-me o ser,
E a memória de qualquer coisa de que me não lembro esfria-me a alma.

Sem dúvida que as ilhas dos mares do sul têm possibilidades para o sonho,
E que os areais dos desertos todos compensam um pouco a imaginação;
Mas no meu coração sem mares nem desertos nem ilhas sinto eu,
Na minha alma vazia estou,
E narro-me prolixamente sem sentido, como se um parvo estivesse com febre.

Fúria fria do destino,
Intersecção de tudo,
Confusão das coisas com as suas causas e os seus efeitos,
Consequência de ter corpo e alma,
E o som da chuva chega até eu ser, e é escuro.

64.

Na véspera de não partir nunca
Ao menos não há que arrumar malas
Nem que fazer planos em papel,
Com acompanhamento involuntário de esquecimentos,
Para a parte ainda livre do dia seguinte.

Não há que fazer nada
Na véspera de não partir nunca.
Grande sossego de já não haver sequer
De que ter sossego!
Grande tranquilidade a que nem sabe encolher ombros
Por, pobre tédio, ter passado o tédio
E ter chegado deliberadamente a nada.
Grande alegria de não ter precisão de ser alegre,
Como uma oportunidade virada do avesso.

Há quantas vezes vivo
A vida vegetativa do pensamento!
Todos os dias *sine linea*...

Sossego, sim, sossego...
Grande tranquilidade...
Que repouso, depois de tantas viagens, físicas e psíquicas!
Que prazer olhar para as malas fechadas como para nada!
Dormita, alma, dormita!
Aproveita, dormita!
Dormita!

É pouco o tempo que tens! Dormita.
É a véspera de não partir nunca...

65.

No fim de tudo dormir.
No fim de quê?

No fim do que tudo parece ser...,
Este pequeno universo provinciano entre os astros,
Esta aldeola do espaço,
E não só do espaço visível, mas até do espaço total.

66.

No lugar dos palácios desertos e em ruínas
À beira do mar,
Leiamos, sorrindo, os segredos das sinas
De quem sabe amar.

Qualquer que ele seja, o destino daqueles
Que o amor levou
Para a sombra, ou na luz se fez a sombra deles,
Qualquer fosse o voo.

Por certo eles foram mais reais e felizes.

67.

Nunca, por mais que viaje, por mais que conheça
O sair de um lugar, o chegar a um lugar, conhecido ou desconhecido,
Perco, ao partir, ao chegar, e na linha móbil que os une,
A sensação de arrepio, o medo do novo, a náusea –
Aquela náusea que é o sentimento que sabe que o corpo tem a alma.
Trinta dias de viagem, três dias de viagem, três horas de viagem –
Sempre a opressão se infiltra no fundo do meu coração.

68. NUVENS

No dia triste o meu coração mais triste que o dia...
Obrigações morais e civis?
Complexidade de deveres, de consequências?
Não, nada...

O dia triste, a pouca vontade para tudo...
Nada...
Outros viajam (também viajei), outros estão ao sol
(Também estive ao sol, ou supus que estive),
Todos têm razão, ou vida, ou ignorância sintética,
Vaidade, alegria e sociabilidade,
E emigram para voltar, ou para não voltar,
Em navios que os transportam simplesmente.
Não sentem o que há de morte em toda a partida,
De mistério em toda a chegada,
De horrível em todo o novo...
Não sentem: por isso são deputados e financeiros,
Dançam e são empregados no comércio,
Vão a todos os teatros e conhecem gente...
Não sentem: para que haveriam de sentir?

Gado vestido dos currais dos Deuses,
Deixá-lo passar engrinaldado para o sacrifício
Sob o sol, álacre, vivo, contente de sentir-se...
Deixai-o passar, mas ai, vou com ele sem grinalda
Para o mesmo destino!
Vou com ele sem o sol que sinto, sem a vida que tenho,
Vou com ele sem desconhecer...

No dia triste o meu coração mais triste que o dia...
No dia triste todos os dias...
No dia tão triste...

69.

O binômio de Newton é tão belo como a Vênus de Milo.
O que há é pouca gente para dar por isso.

(Álvaro de Campos)

óóóó-óóóóóóóóó-óóóóóóóóóóóóóóó

(O vento lá fora)

70. ODE MARCIAL

Inúmero rio sem água – só gente e coisa,
Pavorosamente sem água!

Soam tambores longínquos no meu ouvido,
E eu não sei se vejo o rio se ouço os tambores,
Como se não pudesse ouvir e ver ao mesmo tempo!

Helahoho! Helahoho!

A máquina de costura da pobre viúva morta à baioneta...
Ela cosia à tarde indeterminadamente...
A mesa onde jogavam os velhos,

Tudo misturado, tudo misturado com os corpos, com sangues,
Tudo um só rio, uma só onda, um só arrastado horror.

Helahoho! Helahoho!

Desenterrei o comboio de lata da criança calcado no meio da estrada,
E chorei como todas as mães do mundo sobre o horror da vida.
Os meus pés panteístas tropeçaram na máquina de costura da viúva que
[mataram à baioneta
E esse pobre instrumento de paz meteu uma lança no meu coração.

Sim, fui eu o culpado de tudo, fui eu o soldado todos eles
Que matou, violou, queimou e quebrou,
Fui eu e a minha vergonha e o meu remorso como uma sombra disforme
Passeiam por todo o mundo como Ashavero,
Mas atrás dos meus passos soam passos do tamanho do infinito
E um pavor físico de encontrar Deus faz-me fechar os olhos de repente.

Cristo absurdo da expiação de todos os crimes e de todas as violências,
A minha cruz está dentro de mim, hirta, a escaldar, a quebrar
E tudo dói na minha alma extensa como um Universo.

Arranquei o pobre brinquedo das mãos da criança e bati-lhe.
Os seus olhos assustados do meu filho que talvez terei e que matarão também

Pediram-me sem saber como toda a piedade por todos.
Do quarto da velha arranquei o retrato do filho e rasguei-o,
Ela, cheia de medo, chorou e não fez nada...
Senti de repente que ela era minha mãe e pela espinha abaixo passou me
[o sopro de Deus.
Quebrei a máquina de costura da viúva pobre.
Ela chorava a um canto sem pensar na máquina de costura.
Haverá outro mundo onde eu tenha que ter uma filha que enviúve
[e a quem aconteça isto?
Mandei, capitão, fuzilar os camponeses trêmulos,
Deixei violar as filhas de todos os pais atados a árvores,
Agora vi que foi dentro de meu coração que tudo isto se passou,
E tudo escalda e sufoca e eu não me posso mexer sem que tudo seja o mesmo.
Deus tenha piedade de mim que a não tive de ninguém!

71. ODE MARÍTIMA

Sozinho, no cais deserto, a esta manhã de Verão,
Olho pro lado da barra, olho pro Indefinido,
Olho e contenta-me ver,
Pequeno, negro e claro, um paquete entrando.
Vem muito longe, nítido, clássico à sua maneira.
Deixa no ar distante atrás de si a orla vã do seu fumo.
Vem entrando, e a manhã entra com ele, e no rio,
Aqui, acolá, acorda a vida marítima,
Erguem-se velas, avançam rebocadores,
Surgem barcos pequenos de trás dos navios que estão no porto.
Há uma vaga brisa.
Mas a minh'alma está com o que vejo menos,
Com o paquete que entra,
Porque ele está com a Distância, com a Manhã,
Com o sentido marítimo desta Hora,
Com a doçura dolorosa que sobe em mim como uma náusea,
Como um começar a enjoar, mas no espírito.

Olho de longe o paquete, com uma grande independência de alma,
E dentro de mim um volante começa a girar, lentamente,

Os paquetes que entram de manhã na barra
Trazem aos meus olhos consigo
O mistério alegre e triste de quem chega e parte.
Trazem memórias de cais afastados e doutros momentos
Doutro modo da mesma humanidade noutros pontos.
Todo o atracar, todo o largar de navio,
É – sinto-o em mim como o meu sangue –
Inconscientemente simbólico, terrivelmente
Ameaçador de significações metafísicas
Que perturbam em mim quem eu fui...

Ah, todo o cais é uma saudade de pedra!
E quando o navio larga do cais
E se repara de repente que se abriu um espaço
Entre o cais e o navio,
Vem-me, não sei por quê, uma angústia recente,
Uma névoa de sentimentos de tristeza
Que brilha ao sol das minhas angústias relvadas
Como a primeira janela onde a madrugada bate,
E me envolve como uma recordação duma outra pessoa
Que fosse misteriosamente minha.

Ah, quem sabe, quem sabe,
Se não parti outrora, antes de mim,
Dum cais, se não deixei, navio ao sol
Oblíquo da madrugada,
Uma outra espécie de porto?
Quem sabe se não deixei, antes de a hora
Do mundo exterior como eu o vejo
Raiar-se para mim,
Um grande cais cheio de pouca gente,
Duma grande cidade meio-desperta,
Duma enorme cidade comercial, crescida, apoplética,
Tanto quanto isso pode ser fora do Espaço e do Tempo?

Sim, dum cais, dum cais dalgum modo material,
Real, visível como cais, cais realmente,
O Cais Absoluto por cujo modelo inconscientemente imitado,

Insensivelmente evocado,
Nós os homens construímos
Os nossos cais de pedra atual sobre água verdadeira,
Que depois de construídos se anunciam de repente
Coisas-Reais, Espíritos-Coisas, Entidades em Pedra-Almas,
A certos momentos nossos de sentimento-raiz
Quando no mundo-exterior como que se abre uma porta
E, sem que nada se altere,
Tudo se revela diverso.

Ah o Grande Cais donde partimos em Navios-Nações!
O Grande Cais Anterior, eterno e divino!
De que porto? Em que águas? E por que penso eu isto?
Grandes Cais como os outros cais, mas o único.
Cheio como eles de silêncios rumorosos nas antemanhãs,
E desabrochando com as manhãs num ruído de guindastes
E chegadas de comboios de mercadorias,
E sob a nuvem negra e ocasional e leve
Do fumo das chaminés das fábricas próximas
Que lhe sombreia o chão preto de carvão pequenino que brilha,
Como se fosse a sombra duma nuvem que passasse sobre água sombria.

Ah, que essencialidade de mistério e sentido parados
Em divino êxtase revelador
Às horas cor de silêncios e angústias
Não é ponte entre qualquer cais e O Cais!

Cais negramente refletido nas águas paradas,
Bulício a bordo dos navios,
Ó alma errante e instável da gente que anda embarcada,
Da gente simbólica que passa e com quem nada dura,
Que quando o navio volta ao porto
Há sempre qualquer alteração a bordo!

Ó fugas contínuas, idas, ebriedade do Diverso!
Alma eterna dos navegadores e das navegações!
Cascos refletidos devagar nas águas,
Quando o navio larga do porto!

Flutuar como alma da vida, partir como voz,
Viver o momento tremulamente sobre águas eternas.
Acordar para dias mais diretos que os dias da Europa,
Ver portos misteriosos sobre a solidão do mar,
Virar cabos longínquos para súbitas vastas paisagens
Por inumeráveis encostas atônitas...

Ah, as praias longínquas, os cais vistos de longe,
E depois as praias próximas, os cais vistos de perto.
O mistério de cada ida e de cada chegada,
A dolorosa instabilidade e incompreensibilidade
Deste impossível universo
A cada hora marítima mais na própria pele sentido!
O soluço absurdo que as nossas almas derramam
Sobre as extensões de mares diferentes com ilhas ao longe,
Sobre as ilhas longínquas das costas deixadas passar,
Sobre o crescer nítido dos portos, com as suas casas e a sua gente,
Para o navio que se aproxima.

Ah, a frescura das manhãs em que se chega,
E a palidez das manhãs em que se parte,
Quando as nossas entranhas se arrepanham
E uma vaga sensação parecida com um medo
– O medo ancestral de se afastar e partir,
O misterioso receio ancestral à Chegada e ao Novo –
Encolhe-nos a pele e agonia-nos,
E todo o nosso corpo angustiado sente,
Como se fosse a nossa alma,
Uma inexplicável vontade de poder sentir isto doutra maneira:
Uma saudade a qualquer coisa,
Uma perturbação de afeições a que vaga pátria?
A que costa? a que navio? a que cais?
Que se adoece em nós o pensamento,
E só fica um grande vácuo dentro de nós,
Uma oca saciedade de minutos marítimos,
E uma ansiedade vaga que seria tédio ou dor
Se soubessem como sê-lo...
A manhã de Verão está, ainda assim, um pouco fresca.

Um leve torpor de noite anda ainda no ar sacudido.
Acelera-se ligeiramente o volante dentro de mim.
E o paquete vem entrando, porque deve vir entrando sem dúvida,
E não porque eu o veja mover-se na sua distância excessiva.

Na minha imaginação ele está já perto e é visível
Em toda a extensão das linhas das suas vigias.
E treme em mim tudo, toda a carne e toda a pele,
Por causa daquela criatura que nunca chega em nenhum barco
E eu vim esperar hoje ao cais, por um mandado oblíquo.

Os navios que entram a barra,
Os navios que saem dos portos,
Os navios que passam ao longe
(Suponho-me vendo-os duma praia deserta) –
Todos estes navios abstratos quase na sua ida,
Todos estes navios assim comovem-me como se fossem outra coisa
E não apenas navios, indo e vindo.

E os navios vistos de perto, mesmo que se não vá embarcar neles,
Vistos de baixo, dos botes, muralhas altas de chapas,
Vistos dentro, através das câmaras, das salas, das despensas,
Olhando de perto os mastros, afilando-se lá pro alto,
Roçando pelas cordas, descendo as escadas incômodas,
Cheirando a untada mistura metálica e marítima de tudo aquilo –
Os navios vistos de perto são outra coisa e a mesma coisa,
Dão a mesma saudade e a mesma ânsia doutra maneira.

Toda a vida marítima! tudo na vida marítima!
Insinua-se no meu sangue toda essa sedução fina
E eu cismo indeterminadamente as viagens.
Ah, as linhas das costas distantes, achatadas pelo horizonte!
Ah, os cabos, as ilhas, as praias areentas!
As solidões marítimas, como certos momentos no Pacífico
Em que não sei por que sugestão aprendida na escola
Se sente pesar sobre os nervos o fato de que aquele é o maior dos oceanos
E o mundo e o sabor das coisas tornam-se um deserto dentro de nós!
A extensão mais humana, mais salpicada, do Atlântico!

O Índico, o mais misterioso dos oceanos todos!
O Mediterrâneo, doce, sem mistério nenhum, clássico, um mar para bater
De encontro a esplanadas olhadas de jardins próximos por estátuas brancas!
Todos os mares, todos os estreitos, todas as baías, todos os golfos,
Queria apertá-los ao peito, senti-los bem e morrer!

E vós, ó coisas navais, meus velhos brinquedos de sonho!
Componde fora de mim a minha vida interior!
Quilhas, mastros e velas, rodas do leme, cordagens,
Chaminés de vapores, hélices, gáveas, flâmulas,
Galdropes, escotilhas, caldeiras, coletores, válvulas,
Caí por mim dentro em montão, em monte,
Como o conteúdo confuso de uma gaveta despejada no chão!
Sede vós o tesouro da minha avareza febril,
Sede vós os frutos da árvore da minha imaginação,
Tema de cantos meus, sangue nas veias da minha inteligência,
Vosso seja o laço que me une ao exterior pela estética,
Fornecei-me metáforas, imagens, literatura,
Porque em real verdade, a sério, literalmente,
Minhas sensações são um barco de quilha pro ar,
Minha imaginação uma âncora meio submersa,
Minha ânsia um remo partido,
E a tessitura dos meus nervos uma rede a secar na praia!

Soa no acaso do rio um apito, só um.
Treme já todo o chão do meu psiquismo –
Acelera-se cada vez mais o volante dentro de mim.
Ah, os paquetes, as viagens, o não-se-saber-o-paradeiro
De Fulano-de-tal, marítimo, nosso conhecido!
Ah, a glória de se saber que um homem que andava conosco
Morreu afogado ao pé duma ilha do Pacífico!
Nós que andamos com ele vamos falar nisso a todos.
Com um orgulho legítimo, com uma confiança invisível
Em que tudo isso tenha um sentido mais belo e mais vasto
Que apenas o ter-se perdido o barco onde ele ia
E ele ter ido ao fundo por lhe ter entrado água pros pulmões!

Ah, os paquetes, os navios-carvoeiros, os navios de vela!
Vão rareando – ai de mim! – os navios de vela nos mares!

E eu, que amo a civilização moderna, eu que beijo com a alma as máquinas,
Eu o engenheiro, eu o civilizado, eu o educado no estrangeiro,
Gostaria de ter outra vez ao pé da minha vista só veleiros e barcos de madeira,
De não saber doutra vida marítima que a antiga vida dos mares!
Porque os mares antigos são a Distância Absoluta,
O Puro Longe, liberto do peso do Atual...
E ah, como aqui tudo me lembra essa vida melhor,
Esses mares, maiores, porque se navegava mais devagar.
Esses mares, misteriosos, porque se sabia menos deles.

Todo o vapor ao longe é um barco de vela perto.
Todo o navio distante visto agora é um navio no passado visto próximo.
Todos os marinheiros invisíveis a bordo dos navios no horizonte
São os marinheiros visíveis do tempo dos velhos navios,
Da época lenta e veleira das navegações perigosas,
Da época de madeira e lona das viagens que duravam meses.

Toma-me pouco a pouco o delírio das coisas marítimas,
Penetram-me fisicamente o cais e a sua atmosfera,
O marulho do Tejo galga-me por cima dos sentidos,
E começo a sonhar, começo a envolver-me do sonho das águas,
Começam a pegar bem as correias-de-transmissão na minh'alma
E a aceleração do volante sacode-me nitidamente.

Chamam por mim as águas,
Chamam por mim os mares,
Chamam por mim, levantando uma voz corpórea, os longes,
As épocas marítimas todas sentidas no passado, a chamar.

Tu, marinheiro inglês, Jim Barns meu amigo, foste tu
Que me ensinaste esse grito antiquíssimo, inglês,
Que tão venenosamente resume
Para as almas complexas como a minha
O chamamento confuso das águas,
A voz inédita e implícita de todas as coisas do mar,
Dos naufrágios, das viagens longínquas, das travessias perigosas.
Esse teu grito inglês, tomado universal no meu sangue,
Sem feitio de grito, sem forma humana nem voz,

Esse grito tremendo que parece soar
De dentro duma caverna cuja abóbada é o céu
E parece narrar todas as sinistras coisas
Que podem acontecer no Longe, no Mar, pela Noite...
(Fingias sempre que era por uma escuna que chamavas,
E dizias assim, pondo uma mão de cada lado da boca,
Fazendo porta-voz das grandes mãos curtidas e escuras:

Ahò-ò-ò-ò-ò-ò-ò-ò-ò-ò-ò-yyyy...
Schooner ahò-ò-ò-ò-ò-ò-ò-ò-ò-ò-ò-ò-ò-yyyy...)

Escuto-te de aqui, agora, e desperto a qualquer coisa.
Estremece o vento. Sobe a manhã. O calor abre.
Sinto corarem-me as faces.
Meus olhos conscientes dilatam-se.
O êxtase em mim levanta-se, cresce, avança,
E com um ruído cego de arruaça acentua-se
O giro vivo do volante.

Ó clamoroso chamamento
A cujo calor, a cuja fúria fervem em mim
Numa unidade explosiva todas as minhas ânsias,
Meus próprios tédios tornados dinâmicos, todos!...
Apelo lançado ao meu sangue
Dum amor passado, não sei onde, que volve
E ainda tem força para me atrair e puxar,
Que ainda tem força para me fazer odiar esta vida
Que passo entre a impenetrabilidade física e psíquica
Da gente real com que vivo!

Ah seja como for, seja por onde for, partir!
Largar por aí fora, pelas ondas, pelo perigo, pelo mar.
Ir para Longe, ir para Fora, para a Distância Abstrata,
Indefinidamente, pelas noites misteriosas e fundas,
Levado, como a poeira, p'los ventos, p'los vendavais!
Ir, ir, ir, ir de vez!

Todo o meu sangue raiva por asas!
Todo o meu corpo atira-se pra frente!

Galgo p'la minha imaginação fora em torrentes!
Atropelo-me, rujo, precipito-me!...
Estoiram em espuma as minhas ânsias
E a minha carne é uma onda dando de encontro a rochedos!

Pensando nisto – ó raiva! pensando nisto – ó fúria!
Subitamente, tremulamente, extraorbitadamente,
Pensando nesta estreiteza da minha vida cheia de ânsias,
Com uma oscilação viciosa, vasta, violenta,
Do volante vivo da minha imaginação.
Rompe, por mim, assobiando, silvando, vertiginando,
O cio sombrio e sádico da estrídula vida marítima.

Eh marinheiros, gajeiros, eh tripulantes, pilotos!
Navegadores, mareantes, marujos, aventureiros!
Eh capitães de navios! homens ao leme e em mastros!
Homens que dormem em beliches rudes!
Homens que dormem co'o Perigo a espreitar p'las vigias!
Homens que dormem co'a Morte por travesseiro!
Homens que têm tombadilhos, que têm pontes donde olhar
A imensidade imensa do mar imenso!
Eh manipuladores dos guindastes de carga!
Eh amainadores de velas, fagueiros, criados de bordo!

Homens que metem a carga nos porões!
Homens que enrolam cabos no convés!
Homens que limpam os metais das escotilhas!
Homens do leme! homens das máquinas! homens dos mastros!
Eh-eh-eh-eh-eh-eh-eh!
Gente de boné de pala! Gente de camisola de malha!
Gente de âncoras e bandeiras cruzadas bordadas no peito!
Gente tatuada! gente de cachimbo! gente de amurada!
Gente escura de tanto sol, crestada de tanta chuva,
Limpa de olhos de tanta imensidade diante deles,
Audaz de rosto de tantos ventos que lhes bateram a valer!

Eh-eh-eh-eh-eh-eh-eh!
Homens que vistes a Patagônia!
Homens que passasses pela Austrália!

Que enchestes o vosso olhar de costas que nunca verei!
Que fostes a terra em terras onde nunca descerei!
Que comprastes artigos toscos em colônias à proa de sertões!
E fizestes tudo isso como se não fosse nada,
Como se isso fosse natural,
Como se a vida fosse isso,
Como nem sequer cumprindo um destino!
He-eh-eh-eh-eh-eh!
Homens do mar atual! homens do mar passado!
Comissários de bordo! escravos das galés! combatentes de Lepanto!
Piratas do tempo de Roma! Navegadores da Grécia!
Fenícios! Cartaginenses! Portugueses atirados de Sagres
Para a aventura indefinida, para o Mar Absoluto, para realizar o Impossível!
Eh-eh-eh-eh-eh-eh-eh-eh-eh!
Homens que erguestes padrões, que destes nomes a cabos!
Homens que negociastes pela primeira vez com pretos!
Que primeiro vendestes escravos de novas terras!
Que destes o primeiro espasmo europeu às negras atônitas!
Que trouxestes ouro, miçanga, madeiras cheirosas, setas,
De encostas explodindo em verde vegetação!
Homens que saqueastes tranquilas povoações africanas
Que fizestes fugir com o ruído de canhões essas raças,
Que matastes, roubastes, torturastes, ganhastes
Os prêmios de Novidade de quem, de cabeça baixa
Arremete contra o mistério de novos mares! Eh-eh-eh eh-eh!
A vós todos num, a vós todos em vós todos como um,
A vós todos misturados, entrecruzados.
A vós todos, sangrentos, violentos, odiados, temidos, sagrados,
Eu vos saúdo, eu vos saúdo, eu vos saúdo!
Eh-eh-eh-eh eh! Eh eh-eh-eh ela! Eh-eh-eh eh-eh-eh eh!
Eh lahô-lahô IaHO-lahá-á-á-à-à!

Quero ir convosco, quero ir convosco,
Ao mesmo tempo com vós todos
Pra toda a parte pr'onde fostes!
Quero encontrar vossos perigos frente a frente,
Sentir na minha cara os ventos que engelharam as vossas,
Cuspir dos lábios o sal dos mares que beijaram os vossos,

Ter braços na vossa faina, partilhar das vossas tormentas,
Chegar como vós, enfim, a extraordinários portos!
Fugir convosco à civilização!
Perder convosco a noção da moral!
Sentir mudar-se no longe a minha humanidade!
Beber convosco em mares do Sul
Novas selvajarias, novas balbúrdias da alma,
Novos fogos centrais no meu vulcânico espírito!
Ir convosco, despir de mim – ah! põe-te daqui pra fora! –
O meu traje de civilizado, a minha brandura de ações,
Meu medo inato das cadeias,
Minha pacífica vida,
A minha vida sentada, estática, regrada e revista!

No mar, no mar, no mar, no mar,
Eh! pôr no mar, ao vento, às vagas,
A minha vida!
Salgar de espuma arremessada pelos ventos
Meu paladar das grandes viagens.
Fustigar de água chicoteante as carnes da minha aventura,
Repassar de frios oceânicos os ossos da minha existência,
Flagelar, cortar, engelhar de ventos, de espumas, de sóis,
Meu ser ciclônico e atlântico,
Meus nervos postos como enxárcias,
Lira nas mãos dos ventos!

Sim, sim, sim... Crucificai-me nas navegações
E as minhas espáduas gozarão a minha cruz!
Atai-me às viagens como a postes
E a sensação dos postes entrará pela minha espinha
E eu passarei a senti-los num vasto espasmo passivo!
Fazei o que quiserdes de mim, logo que seja nos mares,
Sobre conveses, ao som de vagas,
Que me rasgueis, mateis, firais! O que quero é levar pra Morte
Uma alma a transbordar de Mar,
Ébria a cair das coisas marítimas,
Tanto dos marujos como das âncoras, dos cabos,
Tanto das costas longínquas como do ruído dos ventos,

Tanto do Longe como do Cais, tanto dos naufrágios
Como dos tranquilos comércios,
Tanto dos mastros como das vagas,
Levar pra Morte com dor, voluptuosamente,
Um copo cheio de sanguessugas, a sugar, a sugar,
De estranhas verdes absurdas sanguessugas marítimas!

Façam enxárcias das minhas veias!
Amarras dos meus músculos!
Atranquem-me a pele, preguem-a às quilhas.
E possa eu sentir a dor dos pregos e nunca deixar de sentir!
Façam do meu coração uma flâmula de almirante
Na hora de guerra dos velhos navios!

Calquem aos pés nos conveses meus olhos arrancados!
Quebrem-me os ossos de encontro às amuradas!
Fustiguem-me atado aos mastros, fustiguem-me!
A todos os ventos de todas as latitudes e longitudes
Derramem meu sangue sobre as águas arremessadas
Que atravessam o navio, o tombadilho, de lado a lado,
Nas vascas bravas das tormentas!

Ter a audácia ao vento dos panos das velas!
Ser, como as gáveas altas, o assobio dos ventos!
A velha guitarra do Fado dos mares cheios de perigos,
Canção para os navegadores ouvirem e não repetirem!

Os marinheiros que se sublevaram
Enforcaram o capitão numa verga.
Desembarcaram um outro numa ilha deserta.
Marooned!
O sol dos trópicos pôs a febre da pirataria antiga
Nas minhas veias intensivas.
Os ventos da Patagônia tatuaram a minha imaginação
De imagens trágicas e obscenas.
Fogo, fogo, fogo, dentro de mim!
Sangue! sangue! sangue! sangue!
Explode todo o meu cérebro!
Parte-se-me o mundo em vermelho!

Estoiram-me com o som de amarras as veias!
E estala em mim, feroz, voraz,
A canção do Grande Pirata,
A morte berrada do Grande Pirata a cantar
Até meter pavor p'las espinhas dos seus homens abaixo.
Lá da ré a morrer, e a berrar, a cantar:

Fifteen men on the Dead Man's Chest.
Yo-ho ho and a bottle of rum!

E depois a gritar, numa voz já irreal, a estoirar no ar:

Darby M'Graw-aw-aw-aw-aw!
DarbyM'Graw-aw-aw-aw-aw-aw-aw-aw!
Fetch a-a-aft the ru-u-u-u-u-u-u-u-um, Darby!

Eia, que vida essa! essa era a vida, eia!
Eh-eh-eh – eh-eh-eh-eh!
Eh-lahô-lahô-laHO-lahá-á-á-à-à!
Eh-eh-eh-eh-eh-eh!

Quilhas partidas, navios ao fundo, sangue nos mares
Conveses cheios de sangue, fragmentos de corpos!
Dedos decepados sobre amuradas!
Cabeças de crianças, aqui, acolá!
Gente de olhos fora, a gritar, a uivar!
Eh-eh-eh-eh-eh-eh-eh-eh-eh-eh!
Eh-eh-eh-eh-eh-eh-eh-eh-eh-eh!
Embrulho-me em tudo isto como uma capa no frio!
Roço-me por tudo isto como uma gata com cio por um muro!
Rujo como um leão faminto para tudo isto!
Arremeto como um toiro louco sobre tudo isto!
Cravo unhas, parto garras, sangro dos dentes sobre isto!
Eh-eh-eh-eh eh-eh eh-eh-eh-eh!

De repente estala-me sobre os ouvidos
Como um clarim a meu lado,
O velho grito, mas agora irado, metálico,

Chamando a presa que se avista,
A escuna que vai ser tomada:

Ahó-ó-ó-ó-ó-ó-ó-ó-ó-ó-ó-yyy...
Schooner ahó-ó-ó-ó-ó-ó-ó-ó-ó-ó-ó-ó-ó-yyyy...

O mundo inteiro não existe para mim! Ardo vermelho!
Rujo na fúria da abordagem!
Pirata-mor! César-Pirata!
Pilho, mato, esfacelo, rasgo!

Só sinto o mar, a presa, o saque!
Só sinto em mim bater, baterem-me
As veias das minhas fontes!
Escorre sangue quente a minha sensação dos meus olhos!
Eh-eh-eh-eh-eh-eh-eh-eh-eh-eh-eh!

Ah piratas, piratas, piratas!
Piratas, amai-me e odiai-me!
Misturai-me convosco, piratas!

Vossa fúria, vossa crueldade como falam ao sangue
Dum corpo de mulher que foi meu outrora e cujo cio sobrevive!

Eu queria ser um bicho representativo de todos os vossos gestos,
Um bicho que cravasse dentes nas amuradas, nas quilhas,
Que comesse mastros, bebesse sangue e alcatrão nos conveses,
Trincasse velas, remos, cordame e poleame,
Serpente do mar feminina e monstruosa cevando-se nos crimes!

E há uma sinfonia de sensações incompatíveis e análogas,
Há uma orquestração no meu sangue de balbúrdias de crimes,
De estrépitos espasmados de orgias de sangue nos mares,
Furibundamente, como um vendaval de calor pelo espírito,
Nuvem de poeira quente anuviando a minha lucidez
E fazendo-me ver e sonhar isto tudo só com a pele e as veias!

Os piratas, a pirataria, os barcos, a hora,
Aquela hora marítima em que as presas são assaltadas,

E o terror dos apresados foge pra loucura – essa hora,
No seu total de crimes, terror, barcos, gente, mar, céu, nuvens,
Brisa, latitude, longitude, vozearia,
Queria eu que fosse em seu Todo meu corpo em seu Todo, sofrendo,
Que fosse meu corpo e meu sangue, compusesse meu ser em vermelho,
Florescesse como uma ferida comichando na carne irreal da minha alma!

Ah, ser tudo nos crimes! ser todos os elementos componentes
Dos assaltos aos barcos e das chacinas e das violações!
Ser quanto foi no lugar dos saques!
Ser quanto viveu ou jazeu no local das tragédias de sangue!
Ser o pirata-resumo de toda a pirataria no seu auge,
E a vítima-síntese, mas de carne e osso, de todos os piratas do mundo!

Ser o meu corpo passivo a mulher-todas-as-mulheres
Que foram violadas, mortas, feridas, rasgadas pelos piratas!
Ser no meu ser subjugado a fêmea que tem de ser deles!
E sentir tudo isso – todas estas coisas duma só vez – pela espinha!

Ó meus peludos e rudes heróis da aventura e do crime!
Minhas marítimas feras, maridos da minha imaginação!
Amantes casuais da obliquidade das minhas sensações!
Queria ser Aquela que vos esperasse nos portos,
A vós, odiados amados do seu sangue de pirata nos sonhos!
Porque ela teria convosco, mas só em espírito, raivado
Sobre os cadáveres nus das vítimas que fazeis no mar!
Porque ela teria acompanhado vosso crime, e na orgia oceânica
Seu espírito de bruxa dançaria invisível em volta dos gestos
Dos vossos corpos, dos vossos cutelos, das vossas mãos estranguladoras!
E ela em terra, esperando-vos, quando viésseis, se acaso viésseis,
Iria beber nos rugidos do vosso amor todo o vasto,
Todo o nevoento e sinistro perfume das vossas vitórias,
E através dos vossos espasmos silvaria um *sabbat* de vermelho e amarelo!

A carne rasgada, a carne aberta e estripada, o sangue correndo!
Agora, no auge conciso de sonhar o que vós fazíeis,
Perco-me todo de mim, já não vos pertenço, sou vós,
A minha feminilidade que vos acompanha é ser as vossas almas!
Estar por dentro de toda a vossa ferocidade, quando a praticáveis!

Sugar por dentro a vossa consciência das vossas sensações
Quando tingíeis de sangue os mares altos,
Quando de vez em quando atiráveis aos tubarões
Os corpos vivos ainda dos feridos, a carne rosada das crianças
E leváveis as mães às amuradas para verem o que lhes acontecia!

Estar convosco na carnagem, na pilhagem!
Estar orquestrado convosco na sinfonia dos saques!
Ah, não sei quê, não sei quanto queria eu ser de vós!
Não era só ser-vos a fêmea, ser-vos as fêmeas, ser-vos as vítimas,
Ser-vos as vítimas-homens, mulheres, crianças, navios –,
Não era só ser a hora e os barcos e as ondas,
Não era só ser vossas almas, vossos corpos, vossa fúria, vossa posse,
Não era só ser concretamente vosso ato abstrato de orgia,
Não era só isto que eu queria ser – era mais que isto o Deus-isto!
Era preciso ser Deus, o Deus dum culto ao contrário,
Um Deus monstruoso e satânico, um Deus dum panteísmo de sangue.
Para poder encher toda a medida da minha fúria imaginativa,
Para poder nunca esgotar os meus desejos de identidade
Com o cada, e o tudo, e o mais-que-tudo das vossas vitórias!

Ah, torturai-me para me curardes!
Minha carne – fazei dela o ar que os vossos cutelos atravessam
Antes de caírem sobre as cabeças e os ombros!
Minhas veias sejam os fatos que as facas trespassam!
Minha imaginação o corpo das mulheres que violais!
Minha inteligência o convés onde estais de pé matando!
Minha vida toda, no seu conjunto nervoso, histérico, absurdo,
O grande organismo de que cada ato de pirataria que se cometeu
Fosse uma célula consciente – e todo eu turbilhonasse
Como uma imensa podridão ondeando, e fosse aquilo tudo!

Com tal velocidade desmedida, pavorosa,
A máquina de febre das minhas visões transbordantes
Gira agora que a minha consciência, volante,
É apenas um nevoento círculo assobiando no ar.

Fifteen men on the Dead Man's Chest.
Yo-ho-ho and a bottle of rum!

Eh-lahci-lahci-IaHO – lahá-á-ááá – ààà...

Ah! a selvajaria desta selvajaria! Merda
Pra toda a vida como a nossa, que não é nada disto!
Eu pr'aqui engenheiro, prático à força, sensível a tudo,
Pr'aqui parado, em relação a vós, mesmo quando ando;
Mesmo quando ajo, inerte; mesmo quando me imponho, débil;
Estático, quebrado, dissidente, cobarde da vossa Glória,
Da vossa grande dinâmica estridente, quente e sangrenta!

Arre! por não poder agir de acordo com o meu delírio!
Arre! por andar sempre agarrado às saias da civilização!
Por andar com a *douceur des moeurs* às costas, como um fardo de rendas!
Moços de esquina – todos nós o somos – do humanitarismo moderno!

Estupores de tísicos, de neurastênicos, de linfáticos,
Sem coragem para ser gente com violência e audácia,
Com a alma como uma galinha presa por uma perna!

Ah, os piratas! os piratas!.
A ânsia do ilegal unido ao feroz,
A ânsia das coisas absolutamente cruéis e abomináveis,
Que rói como um cio abstrato os nossos corpos franzinos,
Os nossos nervos femininos e delicados,
E põe grandes febres loucas nos nossos olhares vazios!

Obrigai-me a ajoelhar diante de vós!
Humilhai-me e batei-me!
Fazei de mim o vosso escravo e a vossa coisa!
E que o vosso desprezo por mim nunca me abandone,
Ó meus senhores! ó meus senhores!

Tomar sempre gloriosamente a parte submissa
Nos acontecimentos de sangue e nas sensualidades estiradas!
Desabai sobre mim, como grandes muros pesados,
Ó bárbaros do antigo mar!
Rasgai-me e feri-me!
De leste a oeste do meu corpo

Riscai de sangue a minha carne!
Beijai com cutelos de bordo e açoites e raiva
O meu alegre terror carnal de vos pertencer.
A minha ânsia masoquista em me dar à vossa fúria,
Em ser objeto inerte e sentiente da vossa omnívora crueldade,
Dominadores, senhores, imperadores, corcéis!
Ah, torturai-me,
Rasgai-me e abri-me!
Desfeito em pedaços conscientes
Entornai-me sobre os conveses,
Espalhai-me nos mares, deixai-me
Nas praias ávidas das ilhas!

Cevai sobre mim todo o meu misticismo de vós!
Cinzelai a sangue a minh'alma
Cortai, riscai!
Ó tatuadores da minha imaginação corpórea!
Esfoladores amados da minha carnal submissão!
Submetei-me como quem mata um cão a pontapés!
Fazei de mim o poço para o vosso desprezo de domínio!

Fazei de mim as vossas vítimas todas!
Como Cristo sofreu por todos os homens, quero sofrer
Por todas as vossas vítimas às vossas mãos,
Às vossas mãos calosas, sangrentas e de dedos decepados
Nos assaltos bruscos de amuradas!

Fazei de mim qualquer coisa como se eu fosse
Arrastado – ó prazer, ó beijada dor! –
Arrastado à cauda de cavalos chicoteados por vós...
Mas isto no mar, isto no ma-a-ar, isto no MA-A-A-AR!
Eh-eh-eh-eh-eh! Eh-eh-eh-eh-eh-eh-eh! EH-EH-EH-EH-EH-EH-EH!
[No MA-A-A-A-AR!

Yeh eh-eh-eh-eh-eh! Yeh-eh-eh-eh-eh-eh! Yeh-eh-eh-eh-eh-eh-eh-eh!
Grita tudo! tudo a gritar! ventos, vagas, barcos,
Marés, gáveas, piratas, a minha alma, o sangue, e o ar, e o ar!
Eh-eh-eh-eh! Yeh-eh-eh-eh-eh! Yeh-eh-eh-eh-eh! Tudo canta a gritar!

FIFTEEN MEN ON THE DEAD MAN'S CHEST.
YO-HO-HO AND A BOTTLE OF RUM!

Eh-eh eh-eh-eh-eh-eh! Eh-eh-eh-eh-eh-eh-eh! Eh eh-eh eh-eh-eh-eh!
Eh-lahô-lahô-IaHO-O-O-ôô-lahá-á-á-ààà!

AH-ó-óóóó-óóóóó-yyy!...
SCHOONERAHÓ-Ó-Ó-Ó-ó-ó-Ó-Ó-Ó-Ó – yyyy!...

Darby M'Graw-aw-aw-aw-aw-aw!
DARBY M'GRAW-AW AW-AW-AW-AW-AW!
FETCH A-A-AFT THE RU-U-U-U-UM, DARBY!

Eh-eh-eh-eh-eh-eh-eh-eh-eh-eh-eh-eh!
EH-EH EH-EH-EH EH-EH EH-EH EH-EH-EH!
EH-EH-EH-EH-EH-EH-EH-EH-EH EH EH-EH!
EH-EH-EH-EH-EH-EH-EH-EH-EH-EH-EH-EH!

EH-EH-EH-EH-EH-EH-EH-EH-EH-EH-EH!

Parte-se em mim qualquer coisa. O vermelho anoiteceu.
Senti demais para poder continuar a sentir.
Esgotou-se a alma, ficou só um eco dentro de mim.
Decresce sensivelmente a velocidade do volante.
Tiram-me um pouco as mãos dos olhos os meus sonhos.
Dentro de mim há um só vácuo, um deserto, um mar noturno.
E logo que sinto que há um mar noturno dentro de mim,
Sobe dos longes dele, nasce do seu silêncio,
Outra vez, outra vez o vasto grito antiquíssimo.
De repente, como um relâmpago de som, que não faz barulho mas ternura,
Subitamente abrangendo todo o horizonte marítimo
Úmido e sombrio marulho humano noturno,
Voz de sereia longínqua chorando, chamando,
Vem do fundo do Longe, do fundo do Mar, da alma dos Abismos,
E à tona dele, como algas, boiam meus sonhos desfeitos...

Ahò-ò-ò-ò-ò-ò-ò-ò-ò-ò-ò – yy...
Schooner ahò-ò-ò-ò-ò-ò-ò-ò-ò-ò-ò-ò-ò – yy...

Ah, o orvalho sobre a minha excitação!
O frescor noturno no meu oceano interior!
Eis tudo em mim de repente ante uma noite no mar
Cheia de enorme mistério humaníssimo das ondas noturnas
A lua sobe no horizonte
E a minha infância feliz acorda, como uma lágrima, em mim.
O meu passado ressurge, como se esse grito marítimo
Fosse um aroma, uma voz, o eco duma canção
Que fosse chamar ao meu passado
Por aquela felicidade que nunca mais tornarei a ter.

Era na velha casa sossegada ao pé do rio...
(As janelas do meu quarto, e as da casa-de-jantar também,
Davam, por sobre umas casas baixas, para o rio próximo,
Para o Tejo, este mesmo Tejo, mas noutro ponto, mais abaixo...
Se eu agora chegasse às mesmas janelas não chegava às mesmas janelas
Aquele tempo passou como o fumo dum vapor no mar alto...)

Uma inexplicável ternura,
Um remorso comovido e lacrimoso,
Por todas aquelas vítimas – principalmente as crianças –
Que sonhei fazendo ao sonhar-me pirata antigo,
Emoção comovida, porque elas foram minhas vítimas;
Terna e suave, porque não o foram realmente;
Uma ternura confusa, como um vidro embaciado, azulada,
Canta velhas canções na minha pobre alma dolorida.

Ah, como pude eu pensar, sonhar aquelas coisas?
Que longe estou do que fui há uns momentos!
Histeria das sensações – ora estas, ora as opostas!
Na loura manhã que se ergue, como o meu ouvido só escolhe
As coisas de acordo com esta emoção – o marulho das águas.
O marulho leve das águas do rio de encontro ao cais...,
A vela passando perto do outro lado do rio,
Os montes longínquos, dum azul japonês,
As casas de Almada,
E o que há de suavidade e de infância na hora matutina!...
Uma gaivota que passa,
E a minha ternura é maior.

Mas todo este tempo não estive a reparar para nada.
Tudo isto foi uma impressão só da pele, com uma carícia
Todo este tempo não tirei os olhos do meu sonho longínquo,
Da minha casa ao pé do rio,
Da minha infância ao pé do rio,
Das janelas do meu quarto dando para o rio de noite,
E a paz do luar esparso nas águas...

Minha velha tia, que me amava por causa do filho que perdeu....
Minha velha tia costumava adormecer-me cantando-me
(Se bem que eu fosse já crescido demais para isso)...
Lembro-me e as lágrimas caem sobre o meu coração e lavam-no da vida,
E ergue-me uma leve brisa marítima dentro de mim.
Às vezes ela cantava a "Nau Catrineta":

Lá vaia Nau Catrineta
Por sobre as águas do mar...

E outras vezes, numa melodia muito saudosa e tão medieval,
Era a "Bela Infanta"... Relembro, e a pobre velha voz ergue-se dentro de mim
E lembra-me que pouco me lembrei dela depois, e ela amava-me tanto!
Como fui ingrato para ela – e afinal que fiz eu da vida?
Era a "Bela Infanta" ... Eu fechava os olhos, e ela cantava:

Estando a Bela Infanta
No seu jardim assentada...

Eu abria um pouco os olhos e via a janela cheia de luar
E depois fechava os olhos outra vez, e em tudo isto era feliz.

Estando a Bela Infanta
No seu jardim assentada,
Seu pente de ouro na mão,
Seus cabelos penteava...

Ó meu passado de infância, boneco que me partiram!

Não poder viajar pra o passado, para aquela casa e aquela afeição,
E ficar lá sempre, sempre criança e sempre contente!

Mas tudo isto foi o Passado, lanterna a uma esquina de rua velha.
Pensar nisto faz frio, faz fome duma coisa que se não pode obter.
Dá-me não sei que remorso absurdo pensar nisto.
Oh turbilhão lento de sensações desencontradas!
Vertigem tênue de confusas coisas na alma!
Fúrias partidas, ternuras como carrinhos de linha com que as crianças brincam,
Grandes desabamentos de imaginação sobre os olhos dos sentidos,
Lágrimas, lágrimas inúteis,
Leves brisas de contradição roçando pela face a alma...

Evoco, por um esforço voluntário, para sair desta emoção,
Evoco, com um esforço desesperado, seco, nulo,
A canção do Grande Pirata, quando estava a morrer:

Fifteen men on the Dead Man's Chest.
Yo-ho-ho and a bottle of rum!

Mas a canção é uma linha reta mal traçada dentro de mim...

Esforço-me e consigo chamar outra vez ante os meus olhos na alma,
Outra vez, mas através duma imaginação quase literária,
A fúria da pirataria, da chacina, o apetite, quase do paladar, do saque,
Da chacina inútil de mulheres e de crianças,
Da tortura fútil, e só para nos distrairmos, dos passageiros pobres
E a sensualidade de escangalhar e partir as coisas mais queridas dos outros,
Mas sonho isto tudo com um medo de qualquer coisa a respirar-me sobre a nuca.
Lembro-me de que seria interessante
Enforcar os filhos à vista das mães
(Mas sinto-me sem querer as mães deles),
Enterrar vivas nas ilhas desertas as crianças de quatro anos
Levando os pais em barcos até lá para verem
(Mas estremeço, lembrando-me dum filho que não tenho e está
[dormindo tranquilo em casa).

Aguilhoo uma ânsia fria dos crimes marítimos,
Duma inquisição sem a desculpa da Fé,
Crimes nem sequer com razão de ser de maldade e de fúria,
Feitos a frio, nem sequer para ferir, nem sequer para fazer mal,

Nem sequer para nos divertirmos, mas apenas para passar o tempo,
Como quem faz paciências a uma mesa de jantar de província com a toalha
[atirada pra o outro lado da mesa depois de jantar,
Só pelo suave gosto de cometer crimes abomináveis e não os achar grande coisa,
De ver sofrer até ao ponto da loucura e da morte-pela-dor mas nunca deixar
[chegar lá...
Mas a minha imaginação recusa-se a acompanhar-me.
Um calafrio arrepia-me.
E de repente, mais de repente do que da outra vez, de mais longe, de mais fundo,
De repente – oh pavor por todas as minhas veias! –,
Oh frio repentino da porta para o Mistério que se abriu dentro de mim e
[deixou entrar uma corrente de ar!
Lembro-me de Deus, do Transcendental da vida, e de repente
A velha voz do marinheiro inglês Jim Barns com quem eu falava,
Tornada voz das ternuras misteriosas dentro de mim, das pequenas
[coisas de regaço de mãe e de fita de cabelo de irmã,
Mas estupendamente vinda de além da aparência das coisas,
A Voz surda e remota tornada A Voz Absoluta, a Voz Sem Boca,
Vinda de sobre e de dentro da solidão noturna dos mares,
Chama por mim, chama por mim, chama por mim...

Vem surdamente, como se fosse suprimida e se ouvisse,
Longinquamente, como se estivesse soando noutro lugar e aqui não se pudesse
[ouvir,
Como um soluço abafado, uma luz que se apaga, um hálito silencioso,
De nenhum lado do espaço, de nenhum local no tempo,
O grito eterno e noturno, o sopro fundo e confuso:

Ahô-ô-ó-ó-ô-ô-ó-ô-ô-ô-ô-ô-ô – yyy.....
Ahô-ô-ó-ó-ô-ô-ó-ô-ô-ô-ô-ó-ô-ô-ô – yyy.....
Schooner ahô-ô-ô-ô-ô-ô-ô-ô-ô-ô-ô-ô-ô-ô-ô – yy.....

Tremo com frio da alma repassando-me o corpo
E abro de repente os olhos, que não tinha fechado.
Ah, que alegria a de sair dos sonhos de vez!
Eis outra vez o mundo real, tão bondoso para os nervos!
Ei-lo a esta hora matutina em que entram os paquetes que chegam cedo.

Já não me importa o paquete que entrava. Ainda está longe.
Só o que está perto agora me lava a alma.
A minha imaginação higiênica, forte, prática,
Preocupa-se agora apenas com as coisas modernas e úteis,
Com os navios de carga, com os paquetes e os passageiros,
Com as fortes coisas imediatas, modernas, comerciais, verdadeiras.
Abranda o seu giro dentro de mim o volante.

Maravilhosa vida marítima moderna,
Toda limpeza, máquinas e saúde!
Tudo tão bem arranjado, tão espontaneamente ajustado,
Todas as peças das máquinas, todos os navios pelos mares,
Todos os elementos da atividade comercial de exportação e importação
Tão maravilhosamente combinando-se
Que corre tudo como se fosse por leis naturais,
Nenhuma coisa esbarrando com outra!

Nada perdeu a poesia. E agora há a mais as máquinas
Com a sua poesia também, e todo o novo gênero de vida
Comercial, mundana, intelectual, sentimental,
Que a era das máquinas veio trazer para as almas.
As viagens agora são tão belas como eram dantes
E um navio será sempre belo, só porque é um navio.
Viajar ainda é viajar e o longe está sempre onde esteve –
Em parte nenhuma, graças a Deus!
Os portos cheios de vapores de muitas espécies!
Pequenos, grandes, de várias cores, com várias disposições de vigias,
De tão deliciosamente tantas companhias de navegação!
Vapores nos portos, tão individuais na separação destacada dos ancoramentos!
Tão prazenteiro o seu garbo quieto de cousas comerciais que andam no mar,
No velho mar sempre o homérico, ó Ulisses!

O olhar humanitário dos faróis na distância da noite,
Ou o súbito farol próximo na noite muito escura
("Que perto da terra que estávamos passando!"
E o som da água canta-nos ao ouvido)!...

Tudo isto hoje é como sempre foi, mas há o comércio;
E o destino comercial dos grandes vapores
Envaidece-me da minha época!
A mistura de gente a bordo dos navios de passageiros
Dá-me o orgulho moderno de viver numa época onde é tão fácil
Misturarem-se as raças, transporem-se os espaços, ver com facilidade
[todas as coisas,
E gozar a vida realizando um grande número de sonhos.

Limpos, regulares, modernos como um escritório com *guichets* em
[redes de arame amarelo!
Meus sentimentos agora, naturais e comedidos como *gentlemen*,
São práticos, longe de desvairamentos, enchem de ar marítimo os pulmões,
Como gente perfeitamente consciente de como é higiênico respirar o ar do mar.

O dia é perfeitamente já de horas de trabalho.
Começa tudo a movimentar-se, a regularizar-se.
Com um grande prazer natural e direto percorro a alma
Todas as operações comerciais necessárias a um embarque de mercadorias.
A minha época é o carinho que levam todas as faturas,
E sinto que todas as cartas de todos os escritórios
Deviam ser endereçadas a mim.

Um conhecimento de bordo tem tanta individualidade,
E uma assinatura de comandante de navio é tão bela e moderna!
Rigor comercial do princípio e do fim das cartas:
Dear Sirs – Messieurs – Amigos e Srs.,
Yours faithfully – ... nos salutations empressées...
Tudo isto não é só humano e limpo, mas também belo,
E tem ao fim um destino marítimo, um vapor onde embarquem
As mercadorias de que as cartas e as faturas tratam.

Complexidade da vida! As faturas são feitas por gente
Que tem amores, ódios, paixões políticas, às vezes crimes –
E são tão bem escritas, tão alinhadas, tão independentes de tudo isso!
Há quem olhe para uma fatura e não sinta isto.
Com certeza que tu, Cesário Verde, o sentias.
Eu é até às lágrimas que o sinto humanissimamente.

Venham dizer-me que não há poesia no comércio, nos escritórios!
Ora, ela entra por todos os poros... Neste ar marítimo respiro-a,
Porque tudo isto vem a propósito dos vapores, da navegação moderna,
Porque as faturas e as cartas comerciais são o princípio da história
E os navios que levam as mercadorias pelo mar eterno são o fim.

Ah, e as viagens, as viagens de recreio, e as outras,
As viagens por mar, onde todos somos companheiros dos outros
Duma maneira especial, como se um mistério marítimo
Nos aproximasse as almas e nos tornasse um momento
Patriotas transitórios duma mesma pátria incerta,
Eternamente deslocando-se sobre a imensidade das águas!
Grandes hotéis do Infinito, oh transatlânticos meus!
Com o cosmopolitismo perfeito e total de nunca pararem num ponto
E conterem todas as espécies de trajes, de caras, de raças!

As viagens, os viajantes – tantas espécies deles!
Tanta nacionalidade sobre o mundo! tanta profissão! tanta gente!
Tanto destino diverso que se pode dar à vida,
À vida, afinal, no fundo sempre, sempre a mesma!
Tantas caras curiosas! Todas as caras são curiosas
E nada traz tanta religiosidade como olhar muito para gente.
A fraternidade afinal não é uma ideia revolucionária.
É uma coisa que a gente aprende pela vida fora, onde tem que tolerar tudo,
E passa a achar graça ao que tem que tolerar,
E acaba quase a chorar de ternura sobre o que tolerou!

Ah, tudo isto é belo, tudo isto é humano e anda ligado
Aos sentimentos humanos, tão conviventes e burgueses.
Tão complicadamente simples, tão metafisicamente tristes!
A vida flutuante, diversa, acaba por nos educar no humano.
Pobre gente! pobre gente toda a gente!

Despeço-me desta hora no corpo deste outro navio
Que vai agora saindo. É um *tramp-steamer* inglês,
Muito sujo, como se fosse um navio francês,
Com um ar simpático de proletário dos mares,
E sem dúvida anunciado ontem na última página das gazetas.

Enternece-me o pobre vapor, tão humilde vai ele e tão natural.
Parece ter um certo escrúpulo não sei em quê, ser pessoa honesta,
Cumpridora duma qualquer espécie de deveres.
Lá vai ele deixando o lugar defronte do cais onde estou.
Lá vai ele tranquilamente, passando por onde as naus estiveram
Outrora, outrora...
Para Cardiff? Para Liverpool? Para Londres? Não tem importância.
Ele faz o seu dever. Assim façamos nós o nosso. Bela vida!
Boa viagem! Boa viagem!
Boa viagem, meu pobre amigo casual, que me fizeste o favor
De levar contigo a febre e a tristeza dos meus sonhos,
E restituir-me à vida para olhar para ti e te ver passar.
Boa viagem! Boa viagem! A vida é isto...

Que aprumo tão natural, tão inevitavelmente matutino
Na tua saída do porto de Lisboa, hoje!
Tenho-te uma afeição curiosa e grata por isso...

Por isso quê? Sei lá o que é!... Vai... Passa...
Com um ligeiro estremecimento,
(T-t--t---t---- t----- t...)
O volante dentro de mim para.

Passa, lento vapor, passa e não fiques...
Passa de mim, passa da minha vista,
Vai-te de dentro do meu coração,
Perde-te no Longe, no Longe, bruma de Deus,
Perde-te, segue o teu destino e deixa-me...
Eu quem sou para que chore e interrogue?
Eu quem sou para que te fale e te ame?
Eu quem sou para que me perturbe ver-te?
Larga do cais, cresce o sol, ergue-se ouro,
Luzem os telhados dos edifícios do cais,
Todo o lado de cá da cidade brilha...
Parte, deixa-me, torna-te
Primeiro o navio a meio do rio, destacado e nítido,
Depois o navio a caminho da barra, pequeno e preto
Depois ponto vago no horizonte (ó minha angústia!),

Ponto cada vez mais vago no horizonte...,
Nada depois, e só eu e a minha tristeza,
E a grande cidade agora cheia de sol
E a hora real e nua como um cais já sem navios,
E o giro lento do guindaste que, como um compasso que gira,
Traça um semicírculo de não sei que emoção
No silêncio comovido da minh'alma...

72.

O descalabro a ócio e estrelas...
Nada mais...
Farto... Arre...
Todo o mistério do mundo entrou para a minha vida econômica.
Basta!...
O que eu queria ser, e nunca serei, estraga-me as ruas.
Mas então isto não acaba?
É destino?
Sim, é o meu destino
Distribuído pelos meus conseguimentos no lixo
E os meus propósitos à beira da estrada –
Os meus conseguimentos rasgados por crianças,
Os meus propósitos mijados por mendigos,
E toda a minha alma uma toalha suja que escorregou para o chão.

O horror do som do relógio à noite na sala de jantar dê uma casa de província –
Toda a monotonia e a fatalidade do tempo...
O horror súbito do enterro que passa
E tira a máscara a todas as esperanças.
Ali...
Ali vai a conclusão.
Ali, fechado e selado,
Ali, debaixo do chumbo lacrado e com cal na cara
Vai que pena como nós,
Vai o que sentiu como nós,
Vai o nós!
Ali, sob um pano cru acro é horroroso como uma abóbada de cárcere
Ali, ali, ali... E eu?

73. ODE TRIUNFAL

À dolorosa luz das grandes lâmpadas elétricas da fábrica
Tenho febre e escrevo.
Escrevo rangendo os dentes, fera para a beleza disto,
Para a beleza disto totalmente desconhecida dos antigos.

Ó rodas, ó engrenagens, *r-r-r-r-r-r-r* eterno!
Forte espasmo retido dos maquinismos em fúria!
Em fúria fora e dentro de mim,
Por todos os meus nervos dissecados fora,
Por todas as papilas fora de tudo com que eu sinto!
Tenho os lábios secos, ó grandes ruídos modernos,
De vos ouvir demasiadamente de perto,
E arde-me a cabeça de vos querer cantar com um excesso
De expressão de todas as minhas sensações,
Com um excesso contemporâneo de vós, ó máquinas!

Em febre e olhando os motores como a uma Natureza tropical –
Grandes trópicos humanos de ferro e fogo e força –
Canto, e canto o presente, e também o passado e o futuro,
Porque o presente é todo o passado todo o futuro
E há Platão e Virgílio dentro das máquinas e das luzes elétricas
Só porque houve outrora e foram humanos Virgílio e Platão,
E pedaços do Alexandre Magno do século talvez cinquenta,
Átomos que hão de ir ter febre para o cérebro do Esquilo do século cem,
Andam por estas correias de transmissão e por estes êmbolos e por estes volantes,
Rugindo, rangendo, ciciando, estrugindo, ferreando,
Fazendo-me um acesso de carícias ao corpo numa só carícia à alma.

Ah, poder exprimir-me todo como um motor se exprime!
Ser completo como uma máquina!
Poder ir na vida triunfante como um automóvel último-modelo!
Poder ao menos penetrar-me fisicamente de tudo isto,
Rasgar-me todo, abrir-me completamente, tornar-me passento
A todos os perfumes de óleos e calores e carvões
Desta flora estupenda, negra, artificial e insaciável!

Fraternidade com todas as dinâmicas!
Promíscua fúria de ser parte-agente
Do rodar férreo e cosmopolita
Dos comboios estrênuos,
Da faina transportadora-de-cargas dos navios,
Do giro lúbrico e lento dos guindastes,
Do tumulto disciplinado das fábricas,
E do quase-silêncio ciciante e monótono das correias de transmissão!

Horas europeias, produtoras, entaladas
Entre maquinismos e afazeres úteis!
Grandes cidades paradas nos cafés,
Nos cafés – oásis de inutilidades ruidosas
Onde se cristalizam e se precipitam
Os rumores e os gestos do útil
E as rodas, e as rodas-dentadas e as chumaceiras do Progressivo!
Nova Minerva sem-alma dos cais e das gares!
Novos entusiasmos de estatura do Momento!
Quilhas de chapas de ferro sorrindo encostadas às docas,
Ou a seco, erguidas, nos planos-inclinados dos portos!
Atividade internacional, transatlântica, *Canadian-Pacific!*
Luzes e febris perdas de tempo nos bares, nos hotéis,
Nos Longchamps e nos Derbies e nos Ascots,
E Piccadillies e Avenues de L'Opéra que entram
Pela minh'alma dentro!

Hé-lá as ruas, hé-lá as praças, hé-lá-hó *la foule!*
Tudo o que passa, tudo o que para às montras!
Comerciantes; vadios; *escrocs* exageradamente bem-vestidos;
Membros evidentes de clubes aristocráticos;
Esquálidas figuras dúbias; chefes de família vagamente felizes
E paternais até na corrente de oiro que atravessa o colete
De algibeira a algibeira!
Tudo o que passa, tudo o que passa e nunca passa!
Presença demasiadamente acentuada das cocotes;
Banalidade interessante (e quem sabe o quê por dentro?)
Das burguesinhas, mãe e filha geralmente,
Que andam na rua com um fim qualquer;

A graça feminil e falsa dos pederastas que passam, lentos;
E toda a gente simplesmente elegante que passeia e se mostra
E afinal tem alma lá dentro!

(Ah, como eu desejaria ser o *souteneur* disto tudo!)

A maravilhosa beleza das corrupções políticas,
Deliciosos escândalos financeiros e diplomáticos,
Agressões políticas nas ruas,
E de vez em quando o cometa dum regicídio
Que ilumina de Prodígio e Fanfarra os céus
Usuais e lúcidos da Civilização quotidiana!

Notícias desmentidas dos jornais,
Artigos políticos insinceramente sinceros,
Notícias *passez à-la-caisse*, grandes crimes –
Duas colunas deles passando para a segunda página!
O cheiro fresco a tinta de tipografia!
Os cartazes postos há pouco, molhados!
Vients-de-paraitre amarelos como uma cinta branca!
Como eu vos amo a todos, a todos, a todos,
Como eu vos amo de todas as maneiras,
Com os olhos e com os ouvidos e com o olfato
E com o tato (o que palpar-vos representa para mim!)
E com a inteligência como uma antena que fazeis vibrar!
Ah, como todos os meus sentidos têm cio de vós!

Adubos, debulhadoras a vapor, progressos da agricultura!
Química agrícola, e o comércio quase uma ciência!
Ó mostruários dos caixeiros-viajantes,
Dos caixeiros-viajantes, cavaleiros-andantes da Indústria,
Prolongamentos humanos das fábricas e dos calmos escritórios!

Ó fazendas nas montras! Ó manequins! Ó últimos figurinos!
Ó artigos inúteis que toda a gente quer comprar!
Olá grandes armazéns com várias secções!
Olá anúncios elétricos que vêm e estão e desaparecem!
Olá tudo com que hoje se constrói, com que hoje se é diferente de ontem!
Eh, cimento armado, beton de cimento, novos processos!

Progressos dos armamentos gloriosamente mortíferos!
Couraças, canhões, metralhadoras, submarinos, aeroplanos!

Amo-vos a todos, a tudo, como uma fera.
Amo-vos carnivoramente.
Pervertidamente e enroscando a minha vista
Em vós, ó coisas grandes, banais, úteis, inúteis,
Ó coisas todas modernas,
Ó minhas contemporâneas, forma atual e próxima
Do sistema imediato do Universo!
Nova Revelação metálica e dinâmica de Deus!

Ó fábricas, ó laboratórios, ó *music-halls*, ó Luna-Parks,
Ó couraçados, ó pontes, ó docas flutuantes –
Na minha mente turbulenta e incandescida
Possuo-vos como a uma mulher bela,
Completamente vos possuo como a uma mulher bela que não se ama,
Que se encontra casualmente e se acha interessantíssima.

Eh-lá-hô fachadas das grandes lojas!
Eh-lá-hô elevadores dos grandes edifícios!
Eh-lá-hô recomposições ministeriais!
Parlamentos, políticas, relatores de orçamentos,
Orçamentos falsificados!
(Um orçamento é tão natural como uma árvore
E um parlamento tão belo como uma borboleta.)

Eh-lá o interesse por tudo na vida,
Porque tudo é a vida, desde os brilhantes nas montras
Até à noite ponte misteriosa entre os astros
E o amor antigo e solene, lavando as costas
E sendo misericordiosamente o mesmo
Que era quando Platão era realmente Platão
Na sua presença real e na sua carne com a alma dentro,
E falava com Aristóteles, que havia de não ser discípulo dele.

Eu podia morrer triturado por um motor
Com o sentimento de deliciosa entrega duma mulher possuída.
Atirem-me para dentro das fornalhas!

Metam-me debaixo dos comboios!
Espanquem-me a bordo de navios!
Masoquismo através de maquinismos!
Sadismo de não sei quê moderno e eu e barulho!

Up-lá hô jóquei que ganhaste o Derby,
Morder entre dentes o teu *cap* de duas cores!

(Ser tão alto que não pudesse entrar por nenhuma porta!
Ah, olhar é em mim uma perversão sexual!)

Eh-lá, eh-lá, eh-lá, catedrais!
Deixai-me partir a cabeça de encontro às vossas esquinas.
E ser levantado da rua cheio de sangue
Sem ninguém saber quem eu sou!

Ó *tramways*, funiculares, metropolitanos,
Roçai-vos por mim até ao espasmo!
Hilla! hilla! hilla-hô!
Dai-me gargalhadas em plena cara,
Ó automóveis apinhados de pândegos e de putas,
Ó multidões quotidianas nem alegres nem tristes das ruas,
Rio multicolor anônimo e onde eu me posso banhar como quereria!
Ah, que vidas complexas, que coisas lá pelas casas de tudo isto!
Ah, saber-lhes as vidas a todos, as dificuldades de dinheiro,
As dissensões domésticas, os deboches que não se suspeitam,
Os pensamentos que cada um tem a sós consigo no seu quarto
E os gestos que faz quando ninguém pode ver!
Não saber tudo isto é ignorar tudo, ó raiva,
Ó raiva que como uma febre e um cio e uma fome
Me põe a magro o rosto e me agita às vezes as mãos
Em crispações absurdas em pleno meio das turbas
Nas ruas cheias de encontrões!

Ah, e a gente ordinária e suja, que parece sempre a mesma,
Que emprega palavrões como palavras usuais,
Cujos filhos roubam às portas das mercearias
E cujas filhas aos oito anos – e eu acho isto belo e amo-o! –
Masturbam homens de aspecto decente nos vãos de escada.

A gentalha que anda pelos andaimes e que vai para casa
Por vielas quase irreais de estreiteza e podridão.
Maravilhosa gente humana que vive como os cães
Que está abaixo de todos os sistemas morais,
Para quem nenhuma religião foi feita,
Nenhuma arte criada,
Nenhuma política destinada para eles!
Como eu vos amo a todos, porque sois assim,
Nem imorais de tão baixos que sois, nem bons nem maus,
Inatingíveis por todos os progressos,
Fauna maravilhosa do fundo do mar da vida!

(Na nora do quintal da minha casa
O burro anda à roda, anda à roda,
E o mistério do mundo é do tamanho disto.
Limpa o suor com o braço, trabalhador descontente.
A luz do sol abafa o silêncio das esferas
E havemos todos de morrer,
Ó pinheirais sombrios ao crepúsculo,
Pinheirais onde a minha infância era outra coisa
Do que eu sou hoje...)

Mas, ah outra vez a raiva mecânica constante!
Outra vez a obsessão movimentada dos ônibus.
E outra vez a fúria de estar indo ao mesmo tempo dentro de todos os comboios
De todas as partes do mundo,
De estar dizendo adeus de bordo de todos os navios,
Que a estas horas estão levantando ferro ou afastando-se das docas.
Ó ferro, ó aço, ó alumínio, ó chapas de ferro ondulado!
Ó cais, ó portos, ó comboios, ó guindastes, ó rebocadores!

Eh-lá grandes desastres de comboios!
Eh-lá desabamentos de galerias de minas!
Eh-lá naufrágios deliciosos dos grandes transatlânticos!
Eh-lá-hô revoluções aqui, ali, acolá,
Alterações de constituições, guerras, tratados, invasões,
Ruído, injustiças, violências, e talvez para breve o fim,
A grande invasão dos bárbaros amarelos pela Europa,
E outro Sol no novo Horizonte!

Que importa tudo isto, mas que importa tudo isto
Ao fúlgido e rubro ruído contemporâneo,
Ao ruído cruel e delicioso da civilização de hoje?
Tudo isso apaga tudo, salvo o Momento,
O Momento de tronco nu e quente como um fogueiro,
O Momento estridentemente ruidoso e mecânico,
O Momento dinâmico passagem de todas as bacantes
Do ferro e do bronze e da bebedeira dos metais.

Eia comboios, eia pontes, eia hotéis à hora do jantar,
Eia aparelhos de todas as espécies, férreos, brutos, mínimos,
Instrumentos de precisão, aparelhos de triturar, de cavar.
Engenhos brocas, máquinas rotativas!

Eia! eia! eia!
Eia eletricidade, nervos doentes da Matéria!
Eia telegrafia-sem-fios, simpatia metálica do Inconsciente!
Eia túneis, eia canais, Panamá, Kiel, Suez!
Eia todo o passado dentro do presente!
Eia todo o futuro já dentro de nós! eia!
Eia! eia! eia!
Frutos de ferro e útil da árvore-fábrica cosmopolita!
Eia! eia! eia! eia-hô-ô-ô!
Nem sei que existo para dentro. Giro, rodeio, engenho-me.
Engatam-me em todos os comboios.
Içam-me em todos os cais.
Giro dentro das hélices de todos os navios.
Eia! eia-hô! eia!
Eia! sou o calor mecânico e a eletricidade!

Eia! e os *rails* e as casas de máquinas e a Europa!
Eia e hurrah por mim-tudo e tudo, máquinas a trabalhar, eia!

Galgar com tudo por cima de tudo! Hup-lá!

Hup-lá, hup-lá, hup-lá-hô, hup-lá!
Hé-la! He-hô! Ho-o-o-o-o!
Z-z-z-z-z-z-z-z-z-z-z-z!

Ah não ser eu toda agente e toda aparte!

74.

O florir do encontro casual
Dos que hão sempre de ficar estranhos...

O único olhar sem interesse recebido no acaso
Da estrangeira rápida...

O olhar de interesse da criança trazida pela mão
Da mãe distraída...

As palavras de episódio trocadas
Com o viajante episódico
Na episódica viagem...

Grandes mágoas de todas as coisas serem bocados...
Caminho sem fim...

75.

O frio especial das manhãs de viagem,
A angústia da partida, carnal no arrepanhar
Que vai do coração à pele,
Que chora virtualmente embora alegre.

76.

Olha, Daisy: quando eu morrer tu hás de
dizer aos meus amigos aí de Londres,
embora não o sintas, que tu escondes
a grande dor da minha morte. Irás de

Londres p'ra Iorque, onde nasceste (dizes...
que eu nada que tu digas acredito),
contar àquele pobre rapazito
que me deu tantas horas tão felizes,